中国语言与符号学研究会主办

U0731276

语言与符号 （第11辑）

Language & Sign

主　编　王铭玉

副主编　田海龙　王　军　王永祥

北京航空航天大学出版社

BEIHANG UNIVERSITY PRESS

图书在版编目（CIP）数据

语言与符号. 第 11 辑 / 王铭玉主编. -- 北京：北京航空航天大学出版社，2024.1

ISBN 978-7-5124-4344-0

Ⅰ. ①语… Ⅱ. ①王… Ⅲ. ①符号学 – 研究 Ⅳ. ①H0

中国国家版本馆 CIP 数据核字（2024）第 012025 号

语言与符号. 第 11 辑

责任编辑：李　帆

责任印制：秦　赟

出版发行：北京航空航天大学出版社

地　　址：北京市海淀区学院路 37 号（100191）

电　　话：010 – 82317023（编辑部）　　　　010 – 82317024（发行部）

　　　　　010 – 82316936（邮购部）

网　　址：http：//www.buaapress.com.cn

读者信箱：bhxszx@163.com

印　　刷：北京九州迅驰传媒文化有限公司

开　　本：787mm×1092mm　1/16

印　　张：10.75

字　　数：235 千字

版　　次：2024 年 1 月第 1 版

印　　次：2024 年 1 月第 1 次印刷

定　　价：49.00 元

目　录

名家叙事

符号学和中西比较哲学①
——从个人相关曲折经历谈起

李幼蒸

1 1988 年沿西伯利亚大铁路前往西柏林工大

　　1988 年春，我在获得德国大众汽车基金会中国部资助（经波斯纳教授推荐）后，以哲学所"自费公派"方式，携妻子沿西伯利亚大铁路前往西柏林工大语言所承担中西比较写作项目。与 1982 年公费赴美时的月薪 400 美元不同，此次每月有 2000 马克生活费，另加 10000 马克购书费和其他办公费用。为期一年的研究项目有二：完成已在准备中的现当代西方符号学理论的中文写作和为波斯纳主编、西比奥克等协编的"符号学大百科"项目，承担"中国符号学历史资源"条目的英文写作。开始工作不久，波斯纳教授告我，他已获得基金会批准举行一次由他主持、由我协助的一次"中国符号学问题国际研讨会"。会议主旨是由他提出的跨文化符号学理论构架和由我提出中国文史资料报告，会议结果将由他主编的德国符号学刊物发表。我听后对他说，我的相关写作尚未完成（初稿其实已交其过目），是否延后再举办这样的活动。（我的另一层考虑是：完全不同意他所拟出的理论大纲，虽然我不便直言。）但他之后多次促我打消顾虑，说机会难得，而我却一再推托，并越来越感觉到，在双方的研究程度都不够时这样"招摇"，有失学术体面。在我执意谢绝后，他只得放弃基金会已然批准了的计划。但此前他曾"警告"我，如果我不同意，我的研究计划是否能够再延长，会有麻烦，不无威胁之意。这是我们关系的第一次"生变"。（如今斯人已逝，就"人情"言，其实是我"欠了"他的。）由于获得了他的警告，而我的中文写作的确需要延长，于是趁下一年初访问巴黎后的回途中，先去波鸿大学哲学所商定在德下一站的研究计划，之后在汉诺威下车，拜访基金会中国部。经我陈述处境和计划需要后，热衷理论方向的青年汉学家负责人，竟然允准了我在下一年度转往波鸿大学哲学所霍伦斯坦教授处（其专业也是符号学和现象学）继续我的写作计划。（中国部负责人告我，他在基金会讨论我的延长计划时，曾出示刚出版的我译《野性的思维》，以证明我的理论素养。）在我告知波斯纳后，他极为不快并深感懊丧。波斯纳教授在德学界关系紧张，我一到达西柏林，他就"天真地"坦告我：我虽然可以自由交往，但绝对不要接触他当时的"劲敌"，自由大学的某某（艾柯的追随者，另一"符号学词典"的编者）。知道我将转往德国符号

---

① 完稿于 2023 年 3 月 6 日。

学界以外的地方后稍减其不快。我则强调，我的一切选择都是根据学术需要，而我与他的学术关系不会改变。这位后来成为国际符号学会会长的波斯纳教授，其性格颇有柔软、灵活的一面。我与他的私人联系几十年，可记叙者多多。而1983年两周的西柏林访问，竟然成为我后半生学术生涯的转折点。在这方面，虽然我已知道他的莫里斯符号学基础理论上的单薄，但对其热衷于将符号学视为社会科学现代化革新的方法论框架仍然非常重视，他具有的杰出组织力和交际才能（流利的英法语言和稳健的"台风"都是我望尘莫及的），更是未来在中国开展符号学事业所需倚重者。我与他的关系虽然屡生波折，但始终维持着，一个客观原因是，他真的非常倾慕中国文化，却又没有条件独立研究。（他也是我后来以"杰出人才"类别获得绿卡申请的第一推荐人。）在此之后，他仍然安排了我于每周某日晚间在研究所开一小班，讲解《论语》ABC。他知道我口语有限，鼓励我不必怯场，他会从旁协助。每周开讲时他都到场认真参与，可见他在读过《论语》后感触甚深（有如18世纪法国启蒙时代思想家们对《论语》发生的"惊艳"之叹）。我在研究年度终结前，他在邀我餐叙时仍然友好地提醒我，我的办公费中剩余款项可购买计算机（但因该计划已结束，未获批准。我那时也还没注意到计算机有什么用处）。彼此算是友好告别。我在迁往波鸿后，波斯纳将他为我写的"计划结束报告"稿发我，不仅无一句贬语，还提到"他与妻子乘西伯利亚铁路来"字样，以赞许万里赴学的精神（岂知中国学界多有不畏艰苦的向学之士）。两三年后在收到我的中文书后，波斯纳电话中也赞许有加，并感叹自己是否花费了太多时间在编务上，以至于减少了写作时间云云。等到他主编的"大百科"出版后，他在寄我抽页时，对于我写的有关中国思想史符号学的十大类别的概述极为重视。这些概述的资料，主要来自我于20世纪80年代有工资收入后逐月购置的各种中文古籍经典，特别是语史类资料。当时我的国学思考重点甚至就是与符号学思维最贴近的"文史考据学"方面。我的"国学再表述方式"，自然是为了要使西人从理论角度感觉到其中的思想潜力，而不是像汉学家和海外儒学家那样仅只用外文"译述"原始话语。所谓"学术思考"，不是指单纯地"数典尊宗"，而应是在文史资料上"看出"其中的时代意义。（如果只是说古代文化多么伟大，西人会说，那不都是历史上的过去式吗？在现代高科技新时代，文化古典的价值和意义又何在呢？）不想我在赴西柏林前匆匆草拟的"中国文史十大类别"中的符号学意涵，竟然成为我在完成西方符号学理论写作后下一站在德有关中西比较伦理学研究计划的"前奏"。

2 符号学和中西哲学

关于我与中国思想史研究的关联，请参照相关文章及网文。很久以来我的研习兴趣之所以兼涉中外比较理论研究，一个外在原因是研学内容纯依兴趣而定，而且也因当时并无外在"任务"的引导或职场压力（否则就会过早进入专业分工，并受到专业内专

4

家既定规范的限制）。1977 年重新进入北图后，除发现结构主义符号学外，也发现了最近海外华裔哲学家的著作，尤其是加拿大阳明学者秦家懿关于阳明学的英文著作。我那时在国家开放伊始开始尝试与海外学人的通信交流，也给秦教授去过信，谈到她的阳明学和我读后的感言。毕竟她是在国外专学现代哲学后研究国学的，故对其研究方向非常好奇（中西哲学是如何会通的）。等到她 20 世纪 70 年代末或 80 年代初前来社科院访问时，我就前往宾馆拜访。不想 1982 年夏国际符号学夏令营讲习会也是在她任教的多伦多大学举行。我在住进宿舍后，她马上来看我，相约在我开完会后再去她家晤谈。而次日她即派儿子和同学带我先去大瀑布游览。等到会议结束时，我因诸事待理，无暇逗留，表达了失约的歉意。国际各方对于中方在封闭几十年后首次组团参会相当好奇。一向积极于国际交流事务的波裔现象学家泰米尼茨卡促成大会主席邀请中国代表团专门茶叙，其后法国媒体还访问了中方代表团。之前，秦家懿知道各地中国学者将到加拿大参会，遂建议华裔哲学家们是否都先到多伦多大学聚会畅谈，交流一下如何在全球推展中国哲学研究问题。（好像几位港台美华学人在赴蒙特利尔前曾经应约先去了多伦多）那时我在美、欧已待了一年多，其间（特别在普大和哥大东亚图书馆）浏览了不少港台几十年来的文史哲著作，对于海外华裔哲学界的研究路径已有一定了解，也亟待有机会和海外华裔哲学界同仁有所交流。在国际大会期间我的讲题是"当前中国的现代西方哲学研究"。餐后在搭地铁返回宿舍路上，成中英教授席间见我肯谈个人观点，遂建议专门对谈一次。我因参加代表团须集体行动，时间不便，建议会后在哥大另行晤谈。几天后他果然到哥大来看我，我请他在哥大附近小餐馆餐叙，并相约互赠译著。后来他在收到我的《结构主义》后却并未回赠他的译作。十几年后这位具美国分析哲学背景的"国际易经学会会长"在与我的一次通信中却能坦率相问"到底什么是符号学？"我于是了解到，大多数欧美华裔汉学哲学家的认识论层次是不足以把握西方符号学思维方式的，其中最大的障碍是搞不清符号学理论与哲学理论之间究竟有何关联。记得 1992 年我在路过香港在香港中文大学哲学系讲演符号学时，会间时任文学院院长的留美哲学家曾质问我符号学怎么能排斥哲学呢？而他本人也正是一位分析哲学背景的符号学家。1995 年我在短访弗吉尼亚大学比较文学中心时曾住在罗蒂家中，这位美国领先哲学家对于符号学也颇不"感冒"，而我却发现他的床头书中有好几本艾柯著作，知他也有兴趣暗中"补课"，遂问道："你也在看符号学？"他的分析哲学和实用主义哲学背景当然使其难以悟解欧陆符号学的意旨。再如 20 年后，我在与美国《历史与理论》主编辩驳的通信中坦告，他所了解的美国符号学根本与历史理论无关。凡此种种可见，分析哲学教育背景下的"哲学思维"的幅度是相当狭窄的，一来他们的教育背景不足以深入现代欧洲大陆哲学（除了存在主义大杂烩外）；尤不足以了解欧陆跨学科理论大方向；而更加难以进入在前二者基础上的跨文化符号学理论思维。参会的教授在回港后曾经在报纸著文简介此次蒙特利尔大会各地中国哲学家聚会情况，甚至于提到我的名字。但他将我说的当前各地中国哲学界均应大力翻译现当代西方经典的意见改述成仅指涉中国大陆，言外之意是，港台学界早先并无与西方哲学"失联"的情况。而我的主要意思却正是在暗示，几十年来中国台湾对于推广新知新学新理的工作，做得太不够了。因为大陆刚刚开放，百废待兴，而台湾自认为是西方世界的一部分，为什么对于现代西哲研究还如此薄弱？这样就能够"复兴中华传统"吗？（顺便指出，台湾国学方向保守正因其长期与当代西方哲学与人文科学之"失联"，对此他们并不自知，以为中西"并列"，有何不可？）"复兴"难道仅是提倡直接"复古"吗？这是十足的民族性自我矮化（中国学者不把眼界拓向全世界，而在人类理性知识日新月异时代，反提倡向后膜拜"古代圣贤"，这是在全球化时代弘扬民族精神之应有策略吗？）我将其讽刺为本质上的"色厉内荏"。1985年，刘述先在香港中文大学组织了一次中德哲学研讨会，大陆方面邀请了汤一介、李泽厚、叶秀山和我参加，承担全部费用。后来我们哲学所三人均未获批准与会，仅汤一介一人参会。但我提供了一篇有关解释学的中西比较哲学方向的文章，由他人代为宣读。我的解释学研究是与符号学密切相关的。不久后，1987年由北京市社科院洪汉鼎组织的一次"中国首届解释学研讨会"在深圳大学召开，时在该校任教的刘小枫负责会务。洪汉鼎邀请了他在作为洪堡学者访问时的德方负责教授与会（一位德国解释学说史专家）。中方由我担任主要发言之一。会后饮茶闲谈时，德国教授当着洪的面对我半幽默地说（因我的发言观点与其颇为不同）"我是不是白来了？"我马上解释说，德国解释学观点和法国解释学观点不同是当然的，我兼治德法理论，自然角度不同，何况德国和法国的符号学方向也是根本不同的（符号学层次上和哲学层次上的双维差异性，再加上中国传统思想史的异质性，诸多因素"搅和在一起"，同一学科标称所指的多元性是难免的。教授本人的思想史角度自然同样重要。该教授具有德国学者温厚的性情。几年后我在德国安排出版方面遇到困难，还曾亲自去他府上商量办法）。后来我将深圳文稿译成中文应约投寄纽约由华裔汉学家刚创立的一份中国学术刊物时，文章特约审稿人恰为刚在哈佛大学比较文学系获得博士学位的北大英语系学者（我们也曾在剑桥一次现象学会议上见过面），对于我的论文立场加以质疑，认为不合国际主流意见。我立即加以驳斥，后经时任该刊编委的老友、哥大比较文学高才生李跃宗博士的协调，将标题名称加上"之我见"字样，才予刊出。后来据说他曾经在哈佛讲过"中国古代的诠释学"。他和余英时等都以为"hermeneutics"这个学科名称代表着某种固定的意思，竟以为中国古代经学考据学即为一种诠释学，故也是"古已有之"。我之所以采用日译名"解释学"而不是大家读来顺口的"诠释学"，就是为了避免这类望文生义的类同性解释。虽然解释学史包含着圣经学词义诠释的部分，而伽达默尔的名著禀赋了现代哲学性意涵，远非什么字义分析的语言技术性研究了。还不要谈利科的"法国版延伸"后的解释学意涵扩展。我那时还停留在"利科"角度上，以至于1982年赴美后各类交谈场合中，作为兴奋点的"解释学"课题，还限于利科解释学幅度。在十年后在德进行中国伦理学溯源研究时，才一跃进入到今日特别使用的"历史解释学"意思上。可以说是对其进行了一次"符号学洗礼"或一次"再去历史哲学化"功夫。作为在两岸首次系统介绍伽达默尔和利科的解释学思想和受邀主编过《哲学译丛：德国解释学哲学》专辑的学者，加上个人诸多独立学术背景，我于是察觉，不仅是在中国哲学领域，而且在理解西方当代理论领域，我与海外具有西方哲学博士头衔的学者们观点上的差异甚著。他们对我的批评其实也"有根有据"，因我的论述显然不同于他们读到的相关西方通行专业话语。如此再加上中西比较层次上的复杂因素，彼此的冲突简直就是"结构性的"。其中最关键的沟通障碍，恰恰又出现在哲学领域。记得已故叶秀山教授曾经说过，他在改革开放后追踪当代西方理论时最感不解的就是"符号学"。2004 年在中国社科院举行的"国际符号学研讨会"前，汝信前院长曾经在会前先行召开了一次报告会，由我谈谈国际符号学问题，大家对于即将进行的（虽然外宾只有十几位，已然是社科院历来举行的较大型国际聚会）学界"中外（文史哲）学理对话"既怀交流心愿，也颇有对于场景未知深浅的犹豫。作为会议计划的顾问和联系人，我则视其为启动中国符号学事业的第一步，何惧之有。会间我最关注的就是不要让当时国内崇洋媚外风气损坏了此一学术开局之薄弱基础。例如在开幕式时我发觉一位负责的工作人员，将德方两个基金会代表的座席牌与中方发言学者的座席牌互调，将中国发言者位置安排到后排，我即自行将座位牌硬行换回，并对该女士说："不必'惯着老外'。"因"跨学科"的意思就是各有所长，互有长短，并非要依靠西方理论来"指导"中国学术，更无须将国际会议场合特意安排出外高中低的"尊客"气氛。借鉴和参考都意味着研习、批评、综合和发展，必定是一个相互切磋相互学习的过程（慢慢我就发现，所谓"相互学习"对西人在技术上是不可能的，而还须防止国内一些人恰恰会迎合这种尴尬状态来抬高洋人，压低国人。我称之为"满大人遗风"）。这类人事细节的回顾不是为了表达什么"民族尊严"，而是纯粹出于学术交流原则的需要。如果国际交流场合被办成由满嘴流利洋文的"舶来文化中介者"所控制，利用洋关系矮化同侪，国际学术交流就彻底变质了。

海外一些占据地位的华裔名家，因长期受制于体制内规范和惯习，又因素来以为哲学为万学之王的习见，平时彼此都是业界"同温层"抱团取暖，本来没有多大"烦恼"。但自 20 世纪 80 年代以来，甚多当代西方前沿学理反由大陆学人率先研究和引进一事，往往亦喜亦忧。喜的是从此可以同按国际规范彼此交流，忧的则是怎么当涉及的新知新学新理时，竟是他们这些具有国际认定资格的人既看不懂又不服气的呢？台湾几十年来的人文学术抱残守缺，最后能够在欧美汉学界、宗教界担任教职，就被视为中华学术的最高水平了。（所以张光直要将中国台湾中研院办成"另一国际汉学中心"；可谓一语道破天机：国学和中国当代人文学术就相当于"汉学"。这是什么眼光！）他们本来各自按照国际规则生存于各自专业领域，不知什么是"国际学术实态"，当遇到大陆出身学者改革开放后眼力立即投向国际最高端时，既怀疑又不服，完全忘记了他们在海外宣讲的孔孟古训（仁学强调"见贤思齐"和"成人之美"，都是具有现代人文科学认识论深意的，哪里只是什么学人风度问题！），自己不肯继续进学又深恐多年来利用台湾学界空间狭窄所可在外营建的"汉学界国际知名度"受到减损。他们的反孔孟生活态度表现在：专门攀附各地各式权贵而在学术界交流中则采行"顺我者昌，党同伐异"处世观。这就是新儒家倡导的天人合一教育下塑造出的现代华裔学人的形象吗？

改革开放以来，国外任教的华裔文科学者，在协助大陆学人走向国际学场方面多有贡献，但不久后发现一种尴尬局面：他们天真地以为自己正是向大陆学者解释西方当前学术状态的适当引介者，但很快发现大陆一些学者了解的当前西学理论的范围竟然超出了他们所掌握的范围。他们普遍的成见是，大陆封闭20多年，学术思想僵化，而港台为西方文化世界的一部分，他们本身都是欧美博士，怎么到头来他们对于国际人文学术理论的理解反不如大陆学者？至于他们为什么都会这样想，都会这样有所"心理不适"，恰足以说明我对港台学术大方向的批评：新儒家＋分析哲学导致学人在人生观与方法论方面"两失之"。我只好奇一件事：我于20世纪60年代个人全封闭状态下念兹在兹者为"什么是人类知识进步的最前沿"，而他们只具体地满足于如何跟随某洋教授获得洋博士学位而并不关心我所关心的问题？但"回过神来后"，他们的"定力"马上又恢复了，毕竟四大优势在他们一方：洋学位、洋文、洋职称和两岸对他们高看一等。这类两岸学人交遇时的复杂心态，表面上似乎不过是"互比高低"之无聊，实则反映出大时代巨变中引生的不同思想学术生态，并直接关系到伟大中华精神文明史的未来发展方向问题。本文只是简述自己在海外大量类似的观察与经历，不嫌琐碎，以期以小喻大，从各种相关行为表现中以瞥见学人之真实心迹。后者则直接相关于民族与人类的现代人文科学发展问题。

余英时在看到我寄赠的《结构主义》并与我交谈后嘱我以后将译、述作品多寄他些。我文则是两岸论及伊格尔斯思想的第一篇。参与组织会议的在美任教的大陆王晴佳教授多年后对我解释说，当时因经费不够故未能允准我的参会云云。我之所以曾经力争参会，因在刚出版了两卷英文书（《中国伦理思想史的解释学研究》）后，亟思趁此难得机会表达一下个人学术观点。该会举行的前一年，与我同住湾区的周礼全先生在去普林斯顿探亲时，曾由其在该校物理系任教的公子陪同拜访了余氏，周在回来后电话告我在与余氏访谈中他竟然花费了大部分时间向周打听我的情况，周认为这可能意味着余有意提供协助，以使我摆脱无职困境。因此我以为余氏有可能至少同意我参加会议。况且会议日程中尚无一位大陆学人发言（似乎仅有一位参与评论的北大学者）。后来他加强了与国内有官方背景学者们的多方联系，并实际上成为国内学界最受欢迎并认可的中国文史国际权威。那时为了能够参加余氏组织的水牛城历史理论会议，我也曾再次与许倬云教授去信问询能否推荐与会（大约在此前一年我曾将中国符号学史料文寄他，解释符号学对于中国史学研究的重要性，并曾获得他友好的复信）。许氏答称不在其位，难以助成（他在香港中文大学讲演时曾宣称：他们在美任教的文史学者的水平已然超越胡适一代了。我曾著文分析此断言的虚与实，大体而言为"否"。胡适在美找不到教职而他们都是科班出身后顺理成章地有资格任教。这就是判准吗？但这也会是海外普遍的一种观点，反映今日中土文科知识分子的文化思考之水准）。

一向自认为关注西方前沿学理的杜氏，的确也曾公开谈过符号学的重要性。后来成为杜氏新夫人的一位女士，20 世纪 90 年代末适在湾区，因友人介绍曾约我晤谈，因她对于文艺理论新潮流颇感兴趣，并告我拟联系杜氏问询国学与符号学合作可能性问题。（顺便一提，1983 年在哥大经王浩前夫人安排与文学史家夏志清餐叙，在谈到符号学文学理论时，也曾遭其讥讽。与符号学最相关的传统学科就是文学，而中国文学家反最讨厌符号学话语！）如果跨学科符号学大方向中必然涉及国学与符号学的"沟通"的话，我的与会遭拒的本质，岂非也可类比于当初巴尔特与巴黎学界文学史权威的"符号学冲突"之故事？挡在中国符号学事业之前的岂非正是中国台湾中研院文史组与国际华裔汉学家共同组成的"国际汉学邦"大势力吗？（于是也可以理解：为什么本人相关国学著作今日在台是一律无法出版的。而我 20 世纪 80 年代的译著则几乎全部在台再版过。）

3 汉学与符号学

有趣的是，大家会记得两位 20 世纪 80 年代对他们均一知半解的"韦伯问题"相互争论不休；更有趣的是，把持着中国台湾中研院文科组的史学一方，硬是巧妙地使哲学一方杜氏未能当选院士。需要注意，他们之间的争执属于学界生态内自然发生现象，而汉学与符号学之间的学术沟通困难则已成为今日中西人文学术交流中之结构性瓶颈。

余氏早期文章中曾批评台湾学界妄议西哲时耄却不肯下功夫翻译西方经典，而遇到我这样持相同意见者，反而加以排斥。余氏和许多国内外"公知类型"名家一样，都是善于"以政养学"者，其所谓"议政之言"不出媒体水平，却成为其真正在意的提升个人学术身价之助力。余氏也为中国台湾中研院文史片的权威，其治学方向可谓关乎中华人文学术现代化发展的大方向，并深受不了解现代世界人文学理知识的国内学界所尊崇。本人在此重述此段个人经历，看似具有冒犯名流之私意在，其实完全基于一种"公心"，甚至于相关于"中国符号学事业发展"之公心。问题不在于学术立场的差异和彼此的好恶关系，而在于此类国际"党同伐异"态势和国内"崇洋媚外"的结合，将成为阻碍中华人文科学现代化提升的严重阻碍。在他们，"学术民族主义"往往是在国际竞争学场争强斗胜的廉价工具（西人永远深入不了中方浩如烟海的文史资源，因此成为他们在国际场合依赖"文化平等"原则可立于不败之地的语言优越性资本，却逻辑性地必然导致他们坚决抵制中方学术可有朝一日掌握高端西学后，方可切实推进国学发展的新方向。这才是这些在西方任教、动辄以学兼中西的高等华人自居者内心深处的"小九九"。一个极其荒谬的后果会是：当我们将批评的重心针对国际最高学术权威（他们欲与之共同搭建中外权威机制的合作方）时，感到不悦和紧张的恰是这一般人等。因为各方玩弄"崇洋媚外"把戏时最高的"偶像"，正是他们尚无国际学术资格

"靠近"的洋权威（对此他们甘拜下风，因为他们根本没有学术条件去跟踪国际前沿理论，故莫测高深，心生畏惧），你们没有"洋出身"的"学界平民"怎么反敢与国际一流学者直接沟通？在我们，研学对象的重点，却恰应是人类知识之高端和前沿；在他们，尽管只能在海外边缘学科混迹和佯称为数千年博大精深中华遗产之国际"代表"。对于国际高端学术理论则一方面不懂装懂，另一方面对于国内朝向高端研究者则暗中阻碍。这是什么行为与动机？学术商业化伎俩而已（本文所谈者看似出于"个人恩怨"，实为见微知著的意识形态分析）。其中学术水分问题为小，以假乱真而可阻碍学术提升之后果为大？（他们想在国际学术权势场上结成中外权权结合体，以把持人类人文学术话语权，于是传统学术就这样蜕化成了"以学谋势"的赤裸裸工具。）据此观点再回看水牛城遭拒事件，该会之反讽意涵，岂非正在于要树立一个小型中西史学霸权联合体？却不知这些不知人类知识"今夕何夕"的国际国学权威们所瞄中的西学合作方伊格尔斯，恰因其学理属于前符号学时代，虽为《历史与理论》史学顾问，却与该国际权威史学理论刊物一样，未能跟踪积极发展中的人类前沿理论。在几年前的一次学术"遭遇"中，伊格尔斯在复我信中承认，自己并不了解符号学是什么（他与同样来自捷克的韦莱克文学理论家属于同代，即前符号学时代的现代文史理论家。此处所说的"符号学时代"与当前国际符号学理论主流并非一事），更不会了解用符号学改造过的历史解释学了（其中存在有好几个认识论层次的差距）。读者诸君，事物有这么神秘复杂吗？非也！一切均源于有些国际东西人文学界大佬们，无不倚老卖老吃老本，因为背后有一个科技工商时代看不见的手，在暗助他们维持住权威地位并心安理得地承担着垄断学术资源和占据交流场的"任务"（况且逐势而兴的舆论当然是永远站在他们那一边的）。而试看科技界大佬又是怎么生存的呢？他们无不积极研学，日日革新，飞跃前进。我们的人文界大佬则乏于跨学科补课动力，生怕因而减损了他们的国际知名度。真相本应是，越是大佬越应学习，因为你是专业带头人或典范；而你如抱残守缺，不思进取，只琢磨如何有效地阻遏后进以达到减缓学术进步的目的，心里盘算的都是如何保持其个人"成就"，使其代代相传。于是，他们不再提升个人学术，而是着眼于研究人事关系，经营帮派，广树势力（包括最巧妙的策略：通过廉价而无意义的激进时局话语来遮掩其保守落后的学术水平），以结构性地保证其学派后继者必须依赖其树立的大旗以确保本派之权威地位。这不正是古代读书做官论的现代翻版吗？但道德性批评与符号学意识形态分析的角度不同。我们毋宁将此现象视为人文学术全方位商业制度化的必然效应，学人的名利本位立场，却又是与商业化制度性结构的要求一致的，对此似乎无须深责。但还有一个中华仁学伦理学立场在。国学家们每以古典卫道士身份面对世界，怎么又会如此迎合国际文化学术商业化趋向而宁肯违逆孔孟之道呢？在学术商业化现实和孔孟古典话语之间，二者谁应掌控谁呢？如果后者成了前者支配的材料和手段，孔孟话语还会是在担负着"传道解惑"使命吗？

4 符号学与中国传统伦理学的对话之必要

我之所以在 20 世纪 80 年代同一时期既研习符号学理论又为未来国学现代化探讨进行知识准备，实因意识到二者同属人类人文科学共同事业的总任务。而十年后在德完成了西方符号学理论概述后马上承接了关于中国国学、儒学、仁学的写作项目。如我在他文中所言，对我来说，万学归一者，伦理学是也。"伦理学"一词，如我使用的符号学和解释学两词一样，都须另行界定其内涵。在此知识类别大伞下，当然不分古今中外、理论实践，均需在人类全部知识遗产中，增强认知中的界域、范畴、层面、角度等维度上不断精细化的意识。其中包括对涉及的传统学科名称之重新设定，例如仁学和作为其中分支的阳明学。在我为西北师大哲学学院资助下将要出版的《阳明学的现代性》文集中，我也谈到了相关问题。为什么我的三十年来的国学类著作中都与符号学—解释学（二学名相连）相关，却在文本中从来不谈任何西方符号学理论本身呢？在我的符号学实践中，其重要应用策略之一是，在借助通行词语思考写作时，对于遣词造句都须具有一种"符号学意识"，即所运用的传统话语在自己设定的语境中均随境而具有不同的特定所指，其所指意义须在全文中加以灵活把握。而阳明学和符号学的关联的另一意义则更为重要。如果广义符号学理论可被视为人文科学革新发展的认识论、方法论总工具，但此跨学科工具系统因与今日已四分五裂的学科分工相冲突而难以贯彻时，那该怎么办呢？其中的难点，根本上不是学术与智能上的技术性挑战问题，而是学者心态上、动机上的挑战问题。后者表现为全球化今日无处不在的"以学求成"人生观，其中成败的最后判准均依从各个体制内固化的规范与规则。而此种对既定成规的普遍遵行惯习，已深植动机之内而成为制度化时代的人类新功利化本能部分。后者的内在根源则是人性的另一痼疾——与人争比（不过此一竞争生态也是客观制度商业化所促成和要求的）。学人对于自己研学的路向与成果之自我判定，说到头表现为一种"相对观"：在与他人、同行、社群的"比较"中来为自己"打分"（不是基于对学术思想价值本身之感悟与喜爱，而是基于对其谋求名利得失的功利性程度的评估）。而此相互比较的标准则是社群集体所预定的规则系列，在今日全球化背景下，此类规则系列更已在普遍化、统一化程度上历史空前强化。有如一百多年前马克思异化论所说的竞争生态导致的人际关系异化那样。而仁学的"学为己"则根本对峙于此思想竞比观，反而是提倡"有朋自远方来"和"见贤思齐"之类原则。我一贯批评海外新儒家并遭其集体否定的判断是：新儒家思想蕴含着时代民族本位功利主义，从而有违孔学教导。指出他们的孔孟之道恰是根本上违背着孔孟本义，这一指责该让他们多么愤怒，又多么自觉冤屈？殊不知"泥古"就是"违古"，因这个"原始"须按产生和接受的不同历史条件而加以语义学调节（涉及意素结构和语境结构之不断应变）。此处所言好像是在故意卖弄玄虚或标新立异，而不知符号学革新思维的要旨就是要求新思维实践者，作为读解过程"分裂者"（一心二用者），在读解传统文本时能够同时呈现两条读解线：直指意义线和涵指意义线，并随着思绪前进而不时进行相对调节。为什么要这么费事？因为传统话语或自然语言都是一词一字或多义或歧义的，它们之间搭配成句成文后其多义性及歧义性更会指数性倍增。这就是传统人文学术思想话语长期混乱并永远可"言之成理"故成为"谁也不怕谁"的根源。前者指其真理表达力而言，后者指其职场有效性而言。后者因此不可被"证伪"（谁也别想驳倒谁，而自然科学决不能如此），故所谓人文之"科学"不过是一种期许或心愿而已。现代20世纪初西方语言符号学的创新正表现在指出了传统话语本身的表意含混性，对此现象人们习以为常而不自觉。这也就是何以巴尔特会与学院派理论家发生剧烈冲突并在美率先将英美新批评主流的权威地位加以排挤的缘故。巴尔特是瓦解学术权威者，但他本人的思想并不应因此又被塑造成新的权威。而学术商业化潮流往往促成此荒谬结果，因为市场竞争需要不断制造新"商标"，即不断将"品牌"权威化！而又与物质性商品不同，学术性商品是需要历史性维面的。一旦成为权威，后继者即会代代维持此"权威资本"以为其继续品牌效力经营之基。此一问题今日是全世界人文学界的问题，且难以解决，因为全球人文学术职场化的结果是治学观与人生观的普遍功利主义标准化。结果，曾几何时，20世纪60年代人文学界结构主义高潮时期兴起的国际符号学潮流，很快就被科技工商环境改变了航向。其中带头"航行改道"的主力正是西比奥克本人。这位对于国际符号学运动发展贡献最大者，也是一位东欧人，恰是造成符号学思维"异化"者。但不必对其责备。一者，不爱读书的他的确不懂符号学精神，虽然他长期主持《符号学会刊》，但他也是时代制度化产物。其他领域内类似的学界领袖比比皆是。但我们的仁学和阳明学不同，其貌似古远过时宗旨，恰因其学术身份的人本主义特殊性（世界文明史上的独一者，即极其少见的"敬鬼神而远之"者），而因人性千古不变（我常对西方反人性论者指出他们如何欠缺符号学读法，不知此处"人性"兼指基本本能倾向和其与外界互动后形成的具体行为倾向。二者不同，我们指的是前者，他们说的是后者，即历史上实际呈现的不同倾向），而仁学话语是在此基本不变人性基础上形成的，故有永恒效力。并正因其形成于前学术时代和前大一统时代而反映了文明史上人类向善本能的民族伦理性原则。按照马克思的拜物教理论和劳动异化论，竞争生态实已成为学术文化商品化的根源之一，当"竞争求胜"原则应用于人文学理领域时，本来已经语义上千疮百孔的传统人文典籍还可能提升为现代"科学"吗？何止是当今世界文化商业化阻碍着人文科学的发展，延传至今的人文学术思想史上的各代大师话语（其成为大师均因当时有效而今已逝去之历史条件），怎能因其历史定位的权威性而永远保持其权威性资格呢？仁学和阳明学与现当代新知新学新理的结合，正是要重新整理这些曾经各有其积极贡献的传统学理思想。本人在2021年为江西第三届阳明学文化国际论坛撰写的长文，则是通过朱熹和王阳明的对比研究来为阳明学之仁学本质再定位的。问题不只涉及仁学和中国传统形上学关系的检讨，也涉及仁学和西方哲学关系的探讨。我曾多次谈到瑞士现象学家耿宁先生和阳明学研究的重大成就及其比较伦理学研究中现象学因素未足之遗憾。但我不认为有必要、有可能对此诚实的现象学专家好友进一步指出（如我 20 世纪 90 年代在巴黎会议上对利科解释学和伦理学曾经对其指出的那样：其解释学思考受到其传统形上学前提的局限而妨碍其毕生伦理学思维提升的使命。言下之意，人类伦理学事业，没有独具特色又普适万方的中国传统伦理学参与，是难以成立的）。耿宁先生的中西伦理学思考巨著中的更深层问题，即其中西现象学伦理学研究中未曾纳入当代解释学和符号学因子，因此在认识论层次上难以突破认识论瓶颈。简言之，此一中西哲学课题所关涉的方法论工具，必须克服传统哲学中心论（尤其是西方哲学中心论）所形成的术语和话语固化倾向才可。耿宁先生品格高尚，求善求真心志有前哲遗风，但亦必然受制于哲学学科的制度性局限（我曾在本人胡塞尔译著中指出，应该区别"伦理学理论本身"和"伦理学之知识技术性准备"之间的认识论层级分别。胡塞尔是最后一位因排除了形上学系绊而成为西方哲学史上最后一位最伟大的哲学家，但其有关伦理学本身的思考并无多少新意。对于任何伟大的思想家，我们都须客观理解其学理之长短方面，目的是向其认真学习，而非为了对其绝对膜拜，如今日海外把思想家孔子当成一个保佑商户平安发财的民族大神般）。由此可见一令人惋惜的事实：理论家越依从于一种哲学传统，就会越远离真实符号学思维，也就越加难以深入心理与精神现象之细部分析。当前西方哲学界对此一判断或有共鸣者，而我尚未之见也。我的基本态度是：世界上一切重要的学术成就都是我们后进者的研学对象，都是我们自身进学的知识资源之部分，但都不必视之为绝对权威而对其亦步亦趋。

5 仁学精神：态度朝向重于成就得失

这篇零零散散回忆文，是为了表达作者思考的学术背景和人事经历，希望二者同样有助于我们对学术思想革新事业的理解。此文自然未曾谈及一般符号学学者如何在职场学科领域进行研习的具体问题。虽然理论符号学仅是符号学界少数人关心的课题，但"一般符号学"对于任何部门符号学学者也均有参考价值，可据此为个人的符号学实践方向定位，而对于学界领导者和关心人文学术整体发展者则应有一定资讯价值。具体而言，每位学者都有一个宏观视野和具体规划之间的关联性方面，因而也就都有一个如何在职场维持两种眼界的需要：如何有效参与职场活动以求生存以及如何扩展视界以提升精神价值。仁学宝典的第一要则是"学的人生观"，而学的人生观要则是"学为己"心态，即为自己认知的提升而进行的努力，其向学实践中所"安心"者，不是和他人争比，不应是因社群奖掖高低而忽喜忽忧，而应是不断修正自身实践方向并沿此正确方向做到尽其在我，从而达及"无入而不自得"之心理境界。如此学人在精神上方可立于"不败之地"（方可不计毁誉，不计得失）。这是学人立于不败之地的另一层深意。古人知识未足而在颠沛流离中爱好学问真理而可至死不渝者，可谓无代无之，其历史价值并非专指其具体学术成就，而是特指其矢志向学的"生存态度"。这才是中华文明几千年中最珍贵的精神价值。而文物珍宝之类封建统治者们的“遗留宝物”的物质性价值则尚在其次了。古典西哲人生哲学的意涵比起孔孟来其实较为单薄，而今日青年如只善读西理而不善读中理，其欠缺并非道德性问题，乃是认识论上的正误问题。

作者简介

李幼蒸，1936 年生，国际著名符号学家，旅美独立学人，中国社科院世界文明比较研究中心特约研究员，国际中西哲学比较研究学会（ISCWP）顾问。曾任国际符号学学会（IASS）副会长，法国高等社会科学院短期客座教授（1990），柏林工大和德国波鸿大学哲学所客座研究员（1988—1997）；先后在普林斯顿、哥伦比亚、慕尼黑等校哲学系（1982—1984），法国人文科学基金会（MSH）、辅仁大学中西比较研究所、佛光大学哲学系以及斯坦福大学比较文学系（1989—1999）等学校和研究机构访学。主要研究方向为现象学、解释学、符号学、结构主义、中西比较伦理学等。主要著作有《结构与意义》《理论符号学导论》《形上逻辑和本体虚无：现代德法伦理学认识论研究》《历史符号学》《仁学解释学》《仁学与符号学》、The Structure of the Chinese Ethical Archetype（中国伦理学原型的结构）、The Constitution of Han-Academic Ideology（汉代学术意识形态的构成）、Epistemological Problems of the Comparative Humanities（比较人文学术的认识论问题）等。主要译著有《纯粹现象学通论》《野性的思维》《结构主义》《哲学和自然之镜》《符号学原理/写作的零度：结构主义文学理论文选》《符号学原理》《符号学历险》《结构主义和符号学：电影理论文选》等。

理论研究

符号学矩阵的制定过程及其应用

张智庭

摘　要： 此文从源头上介绍了符号学矩阵产生的文化背景、制定和发表过程，以及其最初要义和应用要求，对我们了解和运用法国符号学这一重要操作工具具有一定的参考价值，也让我们了解到格雷马斯及其追随者和弟子们在这一矩阵的制定和完善过程中所作的贡献。文章作者也根据矩阵所涉及的相关内容和格雷马斯的相关理论对于"符号学"的范围发表了自己的看法。

关键词： 符号学矩阵（carré sémiotique）　叙述学（narratologie）　连续性（continu）　不连续性（discontinu）

　　也许可以说，符号学矩阵（或称符号学方阵，carré sémiotique）是法国符号学理论中最初吸引我们的一个事实，它似乎有些神奇，在我们看到的一些法国符号学著述中，它的作用似乎是中心的、关键的。当谈及法国符号学时，不少人首先想到的就是这个矩阵。至今，距离这一矩阵的首次提出（1968）已经过去了 50 多年。了解这一矩阵提出的历史背景和后来的阐发、补充及应用，对于我们正确地认识和使用这一矩阵进而深入了解法国符号学是大有帮助的。笔者想借助本文与大家分享相关信息。

1 先于符号学矩阵的一些矩阵

　　符号学矩阵作为格雷马斯（A. J. Greimas，1917—1992）与弗朗索瓦·拉斯捷（François Rastier）合作完成的《符号学限制关系》（«Les jeux contraintes sémiotiques»）一文的核心内容，见于格雷马斯 1970 年出版的《论意义》（*Du sens*）一书。在该文引出符号学矩阵这一"构成性模式"之后，正文中有一条提示文字："上面的模式仅仅是对于先前提出的模式［格雷马斯《结构语义学》（*Sémantique structurale*，1966）］重新修订后的表述。这一次的全新展示可以让我们与布朗榭（R. Balnché）的逻辑六边形［参阅夏布罗尔（C. Chabrol）《智力结构》（*Structures intellectuelles*）的文字，见于《社会科学通讯》（*Information sur les sciences sociales*，1967，VI–5）］进行比较，以及与克莱因群（Groupe Klein）在数学上和皮亚杰群（Groupe Piaget）在心理学上确定的那些结构进行比较"（Greimas，1970：135）。笔者认为，在全面谈及符号学矩阵之前，有必要简单地了解一下书中所提到的这几个群，以方便我们大体知道作者所接受的文化影响和制定符号学矩阵所借助的一些概念。

　　首先说明，笔者对于这几方面的知识一窍不通，我初步在网上查找了一下，也让我过去在巴黎的一位学生利用外面的材料查找了一下。鉴于克莱因群的数学复杂性，远非笔者的能力可以介绍得清楚，这里，我仅对逻辑六边形和皮亚杰群做些简要转述。

1.1 逻辑六边形（l'hexagone logique），也称为对立六边形（l'hexagone d'opposition）

该六边形突出显示了各自以其真实价值相互结合在一起的六种论断，它是由同为法国人的奥古斯丁·赛思曼（Augustin Sesman，1885—1957）和罗贝尔·布朗榭（Robert Blanché，1898—1975）以各自独立的方式却又几乎是同时地发现的对于亚里士多德逻辑方阵（carré logique）（或对立方阵）的一种扩展形式，他们只是为其增加了 Y 项和 U 项，前者是 I 项和 O 项的合取项，后者是 A 项和 E 项的析取项，从而将亚里士多德的四项式方阵扩展到了逻辑六边形。

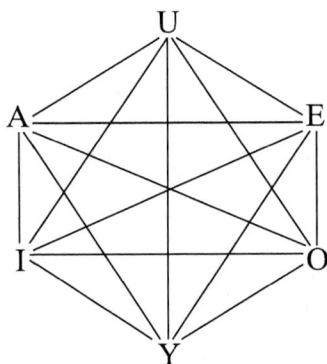

图 1　逻辑六边形

1.1.1 亚里士多德的定义

按照亚里士多德（公元前 384—322）的定义，传统的逻辑方阵依靠四种论断，它们分别被叫作 A-O 组和 E-I 组的两组矛盾项（其中，"矛盾的"意为两项不可以同时都是真的，也不可以同时都是假的）与一组上相反的论断 A-E（其中，"相反的"意为两项不可以同时为假的，而它们又不可以一起是真的）和另一组下—相反论断 I-O（其中，"下—相反的"意为两项可以同时为真的，但不可以同时为假的）。由此可见，逻辑六边形为逻辑方阵增添了两项新的论断，即 U-Y，它们是矛盾的。

1.1.2 对于逻辑六边形的逻辑解释

对于逻辑六边形的解释可以是多种多样的，而尤其是将其解释为命题逻辑模式、谓词计算模式和范畴理论模式。此外，这种逻辑还可用于对模态逻辑的解释，例如我们可以看到：A 被解释成为"必要性"（nécessité），E 被解释成为"不可能性"（impossibilité），I 被解释成为"可能性"（possibilité），O 被解释成为"非—必要性"（non-nécessité），U 被解释成为"非—偶然性"（non-contingence），Y 被解释成为"偶然性"（contingence）。再就是，布朗榭也曾尝试对于六边形逻辑作道义逻辑方面（logique déontique）的解释：如果把 A 理解为"必须性"（obligatoire）的话，那么，E 就是"禁止性"（interdit），I 就是"允许性"（permis），O 就是"随意性"（facultatif）；这样一来，U 就表现为"被调整性"（réglementé）（必须性或被禁止性），Y 就是"允许—随意性"（permis-facultatif）。我们看到，在这六项中，已经有矛盾关系、对比关系（在亚里士多德的术语译文中，被称为"反对性"）、下矛盾关系、下对比关系（下—反对性）。

1.2　关于皮亚杰群

该群亦称"形式思维"的逻辑结构，简称为"INRC"模式，根据这种逻辑，每一种相似的操作（I）都同时是另一种操作的相反操作或否定操作（N）和第三种操作的互换操作（R），而互换操作也是第一种操作的相关操作（C）。这些代表符号都是相关单词的第一个字母。皮亚杰群的任何结构都由带有操作的协调、转换的可逆性、各种操作的联合性组成，而且每一种操作的取消都借助于与其相反操作的组成来完成。

按照皮亚杰的说法，这个群的结构是内在于智力本身的。因此，从感觉动力时期开始，皮亚杰群便进行着移动，它作用于各种动作，而不作用于各种操作，它是一种群结构，尽管它只因一位观察者而存在。对于应用于各个领域的具体操作阶段的群，必须与皮亚杰群具备某些共同特征。唯有各种形式操作阶段的 INRC 群，才是数学意义上的皮亚杰群。皮亚杰群是对于可逆性的两种可能的形式的综合：一是借助于相反（或否定）来实现的可逆性；二是借助于互换性来实现的可逆性。

至此，笔者无法再进行更为深入的转述和解释，但我们至少可以看出，这些已经在 20 世纪就被统括的各种关系为符号学矩阵（方阵）的确立提供了一定的术语和运作的参考，特别是它们都具备矛盾项、对比项和其下—相反项，这与我们要谈的符号学矩阵已经有了许多相同之处；我们也可以据此了解到，符号学矩阵作为"语义逻辑"的关系似乎处在了"呼之欲出"的历史环境之中，而且按照下面我们要介绍的参与制定这个矩阵的拉斯捷先生的说法，当时有许多人都表达了请他制定矩阵的愿望。

2　符号学矩阵的产生过程

符号学矩阵的产生，经历过理论准备和实际制定的两个阶段。我们看一下其理论准备。

2.1　格雷马斯在《结构语义学》中建立的基本意指结构

图 2　格雷马斯（1917—1992）

格雷马斯在上面的提示中说："模式仅仅是对于先前提出的模式（格雷马斯《结构语义学》）重新修订后的表述。"那我们就看一看作者在其《结构语义学》中提出的模式是怎样论述的吧。

格雷马斯在该书第二章《意指的基本结构》（« La structure élélmentaire de la signification»）中首先指出，他采纳了索绪尔"语言是由对立关系构成的"（Greimas，1966：18）的断言。据此，他认为，"当前，探讨意指问题的唯一方式，在于肯定在感知平面上存在着不连续性和作为意指创作者的区别性差距（就像列维–斯特劳斯所做的那样），而不需要考虑所感知的区别的性质"（Greimas，1966：18）。紧接着，作者对于"感知区别"做了确定，"1. 感知区别，意味着至少要掌握两个同时在场的词项。2. 感知区别，意味着掌握这两个词项之间的关系，并将它们连接起来"（Greimas，1966：19），于是，便获得了被通常使用的初步确定的结构概念：两个词项在场和两个词项之间关系的在场；由此立即出现了两种结果："1. 一个对象词项不包含意指；2. 意指以存在的关系为前提：两个词项之间关系的出现是意指的必要条件。"（Greimas，1966：19）那么，两个词项之间具有什么关系呢？格雷马斯论述道：为了让这两个词项得以一起被理解，那它们之间必须有共同的东西。可以去想象这种共同性，它也可以在其延伸意义上是同一的；而为了让这两个词项之间得以区分，那它们之间还必须具有区别。因此，连续性与非连续性的问题，便从此体现为合取（在一起）与析取（不在一起）之间的问题，而这后一个问题则成了意指的基本结构亦即意指的基本关系，而寻找有意指的基本单位便是依据这种关系，而非依据可见的各个要素。按照格雷马斯的说法，语言（索绪尔意义上的"语言"，即"形式"）并非一种符号系统，而是意指诸多结构的结合。这种说法与索绪尔的"语言是形式"是一致的。格雷马斯遂将两个词项的共同部分即可以显示意指衔接的内容定名为"语义轴"（axe sémantique），而语义轴则具备承担和整合其固有的各种衔接关系的作用。在语义轴得到确定的情况下，便可以对于关系类型进行结构描述了。这种描述在于一方面指出具有关系的两个词项；另一方面要指出这种关系的语义内容。于是，在用 A 和 B 来代表两个词项对象和用 S 来代表语义内容的情况下，便获得了一个语义序列（séquence），即"与……有关系"，这种关系的语义内容由于被确定为语义轴，于是，我们便有了

$$A/关系(r)(S)/B$$

其中的关系，既连接了相近性（ressemblance）也连接了区别性，而语义轴 S 属于描述性语义元语言亦即关系之内容，r 属于方法学的言语活动，它只能在认识论层面上得到分析，而这种方法学的言语活动即为符号学分析方法。格雷马斯在进一步的论证之中，为这种关系式加入了"负"词项的概念：他以表示发音时的声带振动（voisement）语义轴（S）为例指出，这个语义轴可以解释为有声带振动的语义要素（s1）和没有声带振动的语义要素（s2）。如此，在对象词项 A（以浊辅音音位 b 代表）将具有 s1（有声带振动）的各种性质，而对象词项 B（以清辅音音位 p 代表）则具有 s2（非 – 声带振动）的各种性质，于是便有了

$$B(有声带振动) \quad r \quad p(非 – 声带振动)$$

而这样的表述方式仅仅是更为普遍的表述方式中的一种：

$$A(sl) \quad r(关系) \quad B(s2)$$

而这种表述今后可用于任何关系，比如：女孩 r（性别）男孩，该表述方式还可以用于任何对象词项之间的关系：女孩（阴性）r 男孩（阳性），等等。格雷马斯将这些意指要素称之为"义素"（sèmes）。义素是意指的最小单位，它相当于雅各布森在音位上称之的"区别特征"（traits distinctifs）或索绪尔称之的"区别性要素"（éléments différentiels）。那么义素衔接的方式或描述方式是怎样的呢？

根据二元对立的逻辑，一个语义轴可分为两个义素。格雷马斯在比较了雅各布森（Roman Jakobson，1896—1982）和布龙达尔（V. Brondal，1887—1942）的两种对立描述方式之后，决定采用有关意指的两种可能的理解和概念类型：一是作为内在性的意指；二是作为显现的意指。对于意指的基本结构作这样的确定是很有意义的，原因是这种结构避免了在对立词项的关系中可能存在的"中性项"，比如在以"性别"为语义轴即关系轴的情况下，那么实际上存在的"两性人"就不好纳入了。这样确定的基本结构，在其"自身"（en soi）得到考虑和描述，并且处于任何有意蕴的背景之外，保留了其"二元对立"的原则，得到了语言学家们的赞同。于是，便有了

$$S \quad vs \quad non \ S$$

其中的 non S 已经是"内在的意指"，格雷马斯将这样的基本结构称之为"义素范畴"（catégories sémiques），该范畴与语义轴一起承担着双重意义，但对于未来的操作则

更为方便。也就是说，这样的基本结构同时可以表明显现的语义关系，也可以揭示其内在的一定意义。在这一结构中，一个义素的负存在性并不是一个义素，它只能在现象的意指层可以被记录下来，在这个层次上，两种相同的义素背景，在第一种背景中可以借助义素的在场（S）而得到解释，还可以在第二种背景中借助于这同一个义素的不在场（-S）得以解释。不过，义素的负存在性（-S）只能在设定义素 S 首先存在的情况下才被认可；同样，把一个词项看成复合项则要求对于已经按照离析的义素被分析过的义素范畴有所了解，因为不这样的话，复合项就不会与任何一个简单项区分开来。这里说的"离析义素"即"负义素"，是内在的，而不是显现的。

　　对于这种关系的分析，带来了远远超出确定结构之定义的结果。格雷马斯在援引了叶姆斯列夫的分析例证之后指出，不同的义素衔接只不过就是世界的不同范畴体现，由它们确定着其特色、文化和文明。格雷马斯赞同叶姆斯列夫采用"内容之形式"（forme du contenu）来定名言语活动的这些连接，赞同叶姆斯列夫将这些连接情况归总在一起的语义轴定名为"内容之实质"（substance du contenu）。

图 3　叶姆斯列夫（Louis Hjelmslev，1889—1965）

　　我们顺便介绍一下叶姆斯列夫在与此相关的理论方面的论述。叶姆斯列夫是丹麦著名语言学家，是哥本哈根语言学派的创始人，该学派建立的语符学（glossémantique）主张通过语符和语符之间的关系来说明语言的内在结构，对语言的表达平面和内容平面以及这两大平面之间各个形式要素的依存关系做出了理论的解释。叶姆斯列夫著述颇丰，对于法国符号学影响最深的是其《语言理论导论》（1943，丹麦文），1953 年该书被译成英文出版，其法文译本 1971 年才在法国出版。但，不容讳言，叶姆斯列夫的这部著作和相关论述内容对于法国符号学的影响却是巨大的。由此，我们也可以看出，法国符号学在其创立和发展过程中，并不自我封闭，而是海纳百川，是集多个语言学派研究之大成者。我们知道，在世界范围内，现代符号学研究来源于两大传统：一是源自美国哲学家皮尔斯的逻辑学符号学论述；二是源自瑞士语言学家索绪尔的结构语言学论述。对于法国符号学来讲，人们往往在索绪尔之后，还要加上叶姆斯列夫和格雷马斯两人的符号学理论，因此常常被说成"索绪尔–叶姆斯列夫–格雷马斯"传统。叶姆斯列夫的突出贡献在于把索绪尔的能指与所指之间的关系表述为表达平面与内容平面之间的关系，而在表达平面和内容平面上，他又分别为每一个平面分出"形式与实质"，这便有了"表达之实质"和"表达之形式"与"内容之实质"和"内容之形式"。具体说来，一个符号，一个由符号组成的句子、一个句段、一个文本，其语音部分的声音就是"表达之实质"，其支撑发音的音位就是形式；而在内容平面上，具体的内容就是实质（包括其意义），而支撑或承载内容的结构即格雷马斯在这里说的言语活动的衔接方式，亦即前面说过的关系就是形式。我们经常会笼统地说，巴黎符号学派（Ecole de Paris）是研究"内容之形式"的，就是依据叶姆斯列夫的这一论述。

这样一来，形式与内容的对立关系，便完全处于对内容的分析之内部，而不再表现为能指与所指之间的对立了，而且形式也同样是具有意蕴的。其结果便是，一种语言的义素衔接构成其形式，其语义轴的全部就是其实质。于是，对于在一种分析的开始时设定的全部意蕴整体进行描述，就可以在两个不同的平面上进行，即义素平面或形式平面（内容之形式）和语义平面或实质平面（内容之实质），并获得不同的结果。

在此之后，格雷马斯对于"结构"做了重新表述："结构是意指的存在方式，这种存在方式的特征表现为两个义素之间的分节关系的在场。我们看到，义素范畴是内在于对象语言的，但是这些范畴只能在语言外得到表述。"（Greimas，1966：28）最后，格雷马斯给出了一个重点提示："对于这种关系在操作方面的使用要求必须引入方向性概念：如是，在依据义素的时候，这种关系可以被定名为下位关系（hyponymique）；而在依据范畴的时候，有必要将其定名为上位关系（hyperonymique）。从现在开始，我们指出，应该把下位关系留给位于基本结构内部的关系，在其自身被考虑的这同一种关系，由于它连接着不属于同一个范畴的一些义素成分，将可以被称为平列关系（hypotaxique）（有时就是上位关系）。"（Greimas，1966：29）

至此，格雷马斯明确地告诉我们，意指的基本结构就存在于相关义素的下位关系与上位关系的连接之中，这似乎已经给出了义素与其负义素之间的上下层级关系。但，它还不是后来制定的符号学矩阵。关于这一点，我们必须提一提与格雷马斯合作完成《论意义》中列入的《符号学条件之关系》一文的合作人弗朗索瓦·拉斯捷（François Rastier）的贡献。

2.2　拉斯捷在建立符号学矩阵过程中的贡献

图 4　拉斯捷（François Rastier，1945— ）

拉斯捷并非格雷马斯亲授弟子，但他早在格雷马斯从埃及的亚历山大回到法国在普瓦捷（Poitiers）大学任教时，就去听他的授课，并被格雷马斯活跃与开放的思想所打动。可以说，他是在格雷马斯的理论影响之下，在总体上算是巴黎符号学派的一位学者，但他开辟了一个属于自己的研究领域，并走出了一条属于自己的研究路径，他的研究可以统称为"文化符号学"。

按照拉斯捷自己撰写的被收录在《符号学访谈录》（*Entretiens sémiotiques*，Éditions Lambert-Lucas，2014）一书中的介绍，他荣退前的工作单位是国家东方语言学院（IN-ALCO），并担任过"多语言信息文本研究室"（ERTIM）的主任。他的出版物很多，涉及符号论、话语符号学和多部语义学研究，其代表作有《解释语义学》（*Sémantique interprétative*，1987，1996，2009）、《意义与文本性》（*Sens et textualité*，1989）、《认知语义学与研究》（*Sémantiue et recherche cognitives*，1991，2001）、《文本艺术与科学》（*Arts et sciences du texte*，2001）等，他已有多部著作被翻译成其他语言文字。在这部访谈录中，当采访者问："您与格雷马斯一起曾经首创了最为人知的一项符号学工具，那便是符号学矩阵。您能准确地说明一下它是怎样出现的吗？"拉斯捷回答说："当时是应耶鲁大学法语学院的西摩·查特曼（Seymour Chatman）之邀。格雷马斯很会用人派事，他让我来写出一篇东西。我们守着一瓶波兰伏特加酒，尤其讨论了几个术语方面的问题……当我获悉格雷马斯把这篇文章收入其《论意义》时，我理解他对其很是看重的。'符号学矩阵'是对于罗贝尔·布朗榭的逻辑六边形和维戈·布龙达尔的几个范畴的压缩形式，就这样它进入了符号学的构成行列，并位于生成模式的绝对起因位置。"（*Entretiens sémiotiques*，2014：369）

后来，笔者与拉斯捷先生建立了电子邮件联系，并先后多次就这个矩阵的产生过程的细节做了沟通。

涉及符号学矩阵的第一次联系是在 2020 年 11 月 8 日，我给他发了邮件提出了当时想到的一些问题，第二天即 11 月 9 日一早我就收到了他的回复："很高兴得悉您的一些消息，我庆幸自己能够分享您对于符号学的关注。在我的方面，自从我们开始接触以来，我出版了多部有关索绪尔的著述和一部符号学专著［《生产意义——论文化认知》（*Faire du sens-De la cognition à la culture*），2018］。关于符号学矩阵，我现在给您发过去 1968 年在耶鲁大学法语学院（Yale French Studies）的英文原文，其法文文本已经收录在格雷马斯的论文集《论意义》（1970）之中。"

第二次联系是 2021 年 12 月 12 日，我于第二天收到了他的回复，对于涉及的符号学矩阵，他说："矩阵的制定分为三个阶段。一是对于对立关系和矛盾关系进行拼合；二是加入中性和符合词项的简单词项（要考虑到主导情况），而这些词项均为布龙达尔所'验证有效的'，并且我在 1966 年答辩过的关于马拉美的硕士论文［完全地收录于我 1973 年出版的《话语符号学散论》（Essais de sémiotique discurtive）一书］中曾经使用过这些词项，为的是描述可比性修辞格中的'感觉编码'；三是布朗榭的书是一部纯粹的逻辑学书籍，我从中借用了一些表征形式、象征符号和术语，以便确认矩阵的（相对的）连贯性（明显的是不像布朗榭的六边形那么复杂）。"对于上述内容，拉斯捷先生均同意我以中文形式表述出来。

某些更细的情况见于与他的其他几次沟通之中，比如他在普瓦捷大学听格雷马斯课程的事，因为他当时是该校的大学生；他后来经常去巴黎参与格雷马斯组办的研讨班，到了巴黎读硕士和博士期间更是经常与格雷马斯见面；围着一瓶波兰伏特加酒畅饮的场面（立陶宛也生产这种伏特加），就是在格雷马斯位于巴黎的家里，足见他们的关系之密切；他在接受了格雷马斯的委派之后，用了一个月的时间思考和完成了符号学矩阵的构建，并与格雷马斯共同增加了补充文字，之后成为两人合作写成的文章；文章是 1967 年用法语写成的，后由耶鲁大学法语学院翻译成英语于 1968 年以《游戏、玩耍、文学》（Game，Play，Literature）为题刊登在第 41 期《耶鲁大学法语学院学报》（Yale French Studies）上，等等。拉斯捷先生在最近（2022 年 10 月 16 日）的一次回信中这样说："那些研究文体学的行家们都把这篇文章的写作归功于我。但显然，这是一项共同计划。"

至此，我们比较清楚地了解了符号学矩阵产生的过程和其两位创立者的合作等情况。

3 "符号学矩阵"最初要义

3.1 两位作者对于"符号学矩阵"的"说明"

格雷马斯与拉斯捷在文章开头，对于这个矩阵做了几点说明，让我们对于这个矩阵和由此对于法国符号学有了进一步的了解。

他们说："至少为了理解，我们可以想象，实现构建（文学的、神话的、绘画等的）文化对象，人们都是从简单的要素开始，然后步入一段复杂的过程，在其路径之中既会遇到需要承受的一些限制，也会遇到它很容易地操作的选择。"对于这种过程，两位作者认为它可以分三个阶段，从内在性过渡到了显现层：

"——深层结构，这些结构确定个体或社会的基本存在方式，由此产生了符号学对象的存在条件。据我们所知，深层结构的基本构成成分具有定义性地位；

——表层结构，这些结构构成了一种符号学语法，该语法将可能显现的内容排序为话语形式。这种语法的产品独立于显现这些话语形式的表达，因此，这些产品从理论上讲可以显示在任何实质之中，而因为关系到语言学对象，它们可以显示在任何语言之中；

——显现层结构，这些结构产生和组织所有的能指。尽管这些结构可以理解几乎所有的共同概念，但它们在某种语言方面还是特殊的（更为准确地讲，它们确定着一种语言的特点）。它们被有关词素、形式、颜色等的表面学科所研究。我们在此只关注这一总的过程的第一个时位（instance）。"

这些说明，是格雷马斯在 sémiotique 名下为研究符号学而分出的层次，但对于我们今天来理解法国符号学的发展过程也是重要的。结合法国符号学后来的发展情况，笔者想做如下补充性说明。

其第一个时位就是深层结构。结合格雷马斯和 sémiotique 后来的发展，结构就是"构成等级的内在关系"（格雷马斯 & 库尔泰斯，2020：325）。概括说来，深层结构是隐蔽的和抽象的，它们是意指过程的基本组织架构。我们现在知道，深层结构包括：行为者结构和施事者结构、体范畴结构、模态结构、叙述结构和话语结构、论证结构和契约结构等。

其第二个时位就是表层结构。这里的"表层"并非外露的"显现层"，而是"符号学语法"层，它对应于符号学—叙述结构，是深层结构在实质层的表现，因而涉及语言学对象。需要指出的是，在《论意义》（1970）出版的20世纪的70年代初，格雷马斯正致力于构建不同于 sémiologie（系统论符号学）的 sémiotique（叙述论符号学），他当时是尽力使后者区别于前者，所以将表层结构推给了语言学研究；其实，系统论符号学侧重于"非连续性"（discontinu），符号、符号系统和不超过句子的单位是其研究的对象，因此其基本是静态的；而叙述论符号学侧重于"连续性"（continu），符号之间的联系即词语的或非词语的文本是其研究对象，因此其是动态的。但是，语言学同样是符号学，当年的系统论符号学就是用语言学模式来说明和解释非语言学对象的，所以，罗兰·巴尔特曾在其《服饰系统》（*Système de la mode*, 1977）一书中说符号学属于语言学，就是出自这种原因。其实，深层结构和表层结构是相对的，这在后来出版的《符号学：言语活动理论的系统思考词典》（*Sémiotique. Diccionnaire raisonné de la théorie du langage*，Hachette，1979）（以下简称《词典》）一书中得到了明确，而且作为符号学的语言学与在语言学基础上建立的叙述论符号学之间也多有交叉研究，例如"陈述活动"概念两者是共同的。到了21世纪的今天，法国符号学统一使用包含了系统论符号学和叙述论符号学在内的"结构论符号学"（sémiotique structurale）一名，但在一般情况下，就以sémiotique来指代这种总体内涵。

第三个时位是"显现层"。该层实际上就是自然语言的符号连接情况，或者说是叶姆斯列夫意义上的"形式之实质"，因此，修辞学是其主要结构形式。这让我们想到，这个层次正好是"叙述学"（narratologie）研究所工作的层次。叙述学的主要代表人物托多罗夫曾积极参与了和系统论符号学在概念上具备一定同一性的结构主义运动，我们在20世纪70年代初的符号学论文集中还见得到他们的文章，但后来他们"拒绝脱离词语显现"，从而与建立在语言学理论基础之上的"系统论符号学"和"叙述论符号学"进行了脱离。不过，在笔者看来，这并不能说明叙述学就不是一种符号学研究，因为建立在逻辑学基础上而非语言学基础上的美国皮尔士的"三项式"符号学理论照样属于符号学研究，而且其部分概念也被纳入了巴黎符号学派的sémiotique研究范围。2017年去世的托多罗夫，在法国的法语谷歌网上，我们可以查到他是"文艺批评家、系统论符号学家（sémiologue）、观念史学家和随笔作家"，而2018年去世的热奈特，则被介绍为"叙述学创始人之一，他依据结构主义在诗学内部构建了自己的方法领域，而尤其采用了'对于文学的修辞学研究'"。其实，如果把符号学理解为研究符号、符号系统及其意指连接形式的学科，那么，它便可涵盖语言学、叙述学、风格学、阐释学以及以结构语言学理论为基础的结构论符号学。用丰塔尼耶先生今日的说法，那就是符号学是"一种真正的科学文化，是在一个或多个领域实现专门化的一种文化"（Fontanille，2016：212）。

3.2 矩阵的最初要义

除了上面介绍的"说明文字"外，这篇文章由三个部分组成，分别是"构成模式的结构""内容的意义投入""走向显现"。下面介绍的，只是其第一部分的内容。

这一部分首先告诉我们，如果一个意指S在其第一次被理解时就像一种语义轴那样出现，那么它便对立于－S，后者被看作绝对地缺乏意义，并且是S的矛盾项。接下来，如果我们假设语义轴S（内容之实质）在内容之形式层上分节为两个相反的义素的话，就成了：

$$S \longleftarrow\!\!\text{-----------------------}\!\!\longrightarrow S$$

这两个义素在分别考虑的情况下，就表明了他们的矛盾项的存在：

$$-S1\text{----------------------------}-S2$$

继S的义素被分节之后，它可以借助于析取（disjonction）与合取（conjonction）关系被重新确定为连接 S1 和 S2 的符合义素，如此，意指的基本结构便可被确定如下：

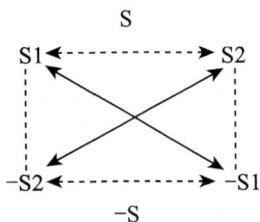

$$
\begin{array}{c}
S \\
S1 \dashleftarrow\!\!\!\dashrightarrow S2 \\
\times \\
-S2 \longrightarrow -S1 \\
-S
\end{array}
$$

其中：◄-------► 相反关系

◄━━━━━► 矛盾关系

----------- 蕴含关系

这个模式使用了合取概念和析取概念，后者包括相反项的析取和矛盾项的析取。而在只考虑内容之形式和简单的义素范畴的情况下也可以获得与这同一结构稍有不同的另一种表述方式，该方式也可以建立两个相关的范畴的关联性，而这种关联性本身也被确定为是一种对应等值的矛盾项的一种关系：

$$\frac{S1}{-S1} \cong \frac{S2}{-S2}$$

把符号学矩阵与对应等值关系结合起来，这在当年是很有启发性的。不过，这种关系后来多用 S1∶S2∷ – S1∶ – S2 来表示。可以补充的是，这种关系在格雷马斯与库尔泰斯合著的《词典》中被定名为"半—象征系统"（système semi-symbolique），指的是不同范畴在建立了关联性之后形成的对应等值的情况，例如在人的举止活动中，一般多以上下动作表示"是"，而以横向的摆动表示"否"，亦即"摇头不算点头算"。

对于两位作者提出的这一矩阵涉及的其他内容，由于后来人们有了更新的认识，对其有不同的修正，我们不再谈。过了七八年之后，在由格雷马斯和库尔泰斯合著的《词典》中有了更为全面的介绍。

4 《符号学：言语活动理论的系统思考词典》对于矩阵的介绍

格雷马斯与库尔泰斯于 1979 年出版了这部《词典》，全面地总结了他们对于所主张的符号学发展到 20 世纪 70 年代末的情况。这里简单地介绍一下库尔泰斯与格雷马斯的合作关系。库尔泰斯（Joseph Courtés）不是格雷马斯的亲授弟子，而是他的亲密合作者。库尔泰斯自己说，是对于意义的思考使他对于"更为客观的文本符号学解释"产生了浓厚兴趣。他后来准备了一篇有关宗教文本的分析文章并寄给了格雷马斯，后于 1968 年大体是在 6 月份与格雷马斯首次相见，从此，库尔泰斯便一直参加格雷马斯的"研讨班"，后来多年成为格雷马斯的助手与合作者。他著作颇丰，代表作有《叙述与话语符号学导论》（*Introduction à la sémiotique narrative et discursive*，1976）、《话语的符号学分析——从陈述语段到陈述活动》（*Analyse sémiotique du discours：de l'énoncé à l'énonciation*，1991）等，这后一部书中有对于笔者感到困难的克莱因群的介绍，有兴趣的学者可以研究一下。

图5　库尔泰斯（Joseph Courtés，1936—　）

到这个时候，巴黎符号学派已经基本形成，该学派主张的 sémiotique 一名得以确立，其不同于 sémiologie 的理论依据和研究对象已基本清晰。简单说来，以 sémiotique 为名的巴黎符号学派研究的是符号之间的关系，侧重于"叙述性"，亦称"叙述论符号学"。那么，这个矩阵在这部《词典》中是如何介绍的呢？

根据库尔泰斯后来的回忆，这部《词典》是在格雷马斯的提议下两人用了三年时间完成的。这部《词典》对于符号学矩阵的介绍有以下几方面内容。

总体说来，他们两人保留但部分地修订了这一矩阵最初发表时的模式，并增加了相关定义和一些关系定名。

关于定义，《词典》将其说成是"人们把符号学矩阵理解为对任何一种语义范畴之逻辑连接的视觉再现"，并把初始的矩阵展示为下面的形式，同时也把"蕴含关系"（implication）改成了"互补关系"（complémentarité）：

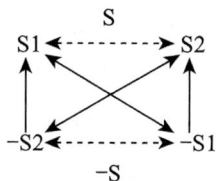

$$
\begin{array}{ccc}
& S & \\
S1 \longleftrightarrow & & S2 \\
\downarrow \times & & \uparrow \\
-S2 \longleftrightarrow & & -S1 \\
& -S &
\end{array}
$$

其中：◄－－－－－►相反关系

　　　　◄－－－－►对比关系（或译反对关系）

　　　　－－－－－►互补关系

29

再就是：S1——S2：相反项轴

          – S2——– S1：下相反项轴

          S1——– S1：正向图示

          S2——– S2：负向图示

          S1——– S2：正向指示

          S2——– S1：负向指示

《词典》还对一些严格意义上是二元对立的语义范畴做了明确，认为它们是一些构成性关系，不属于对比关系，而属于矛盾关系。例如肯定/否定：

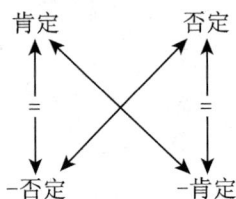

在这个图示中，我们看到，否定的否定就等于肯定。因此，在对于一个语义范畴的初始范畴的否定产生一些同语重复性蕴含的时候，该语义范畴可以被称为是矛盾性的。

对于上述矩阵的进一步研究，又产生了"第二代范畴词项"。我们已经看到，在最初词项上进行的两个平行的否定操作可以产生两个矛盾的词项，随后又看到，两个蕴涵词项如何建立起了互补关系，同时又确定了在两个最初词项之间变得可辨认的对立关系。现在重要的是从这样构建的关系模式中总结一些成果。

1）显然，范畴的四个词项仅仅像是一些交叉点，像是一些关系结果：这一点可以满足索绪尔表述的结构原则，因为根据其原则，"在语言中，只有区别"。

2）我们注意到，根据矛盾词项的投射，四种新的关系已在矩阵的内部被辨认了出来：两种对比关系（相反项轴和下相反项轴）和两种互补关系（正指示性和负指示性）。

3）既然任何符号学系统都是一种等级关系，那么，事实便是，在词项之间确立的所有关系，便可以充当在它们之间建立更高等级关系的词项（按照叶姆斯列夫的术语，就是承担功能项［fonctifs］角色的功能）。在这种情况下，我们可以说，两种对比关系在其之间确立矛盾关系，而两种互补关系在其之间建立对比关系。下面的举例（"诚信模态矩阵"）可以说明这种观察到的事实：

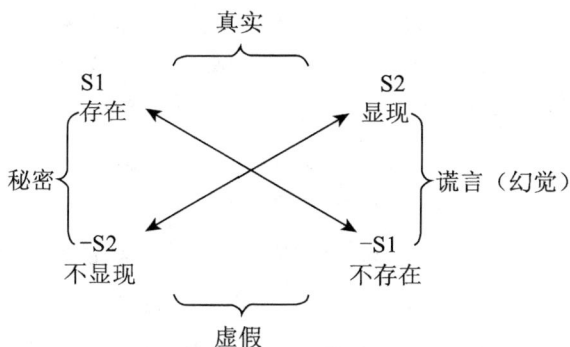

因此，我们可以看出，**真实/虚假**是矛盾元词项，而**秘密**和**谎言**则是相反元词项。元词项和由它们构成的范畴将被看作是第二代词项和第二代范畴。

进一步的研究让人想到了建立第三代范畴词项。实际上，布龙达尔的比较性研究已经在连接各种语法范畴的网系内部使人看到了复合词项和中性词项的存在，这些词项取决于在相反词项之间建立"和……和"关系：复合词项将是相反项轴的各个词项的结合（S1＋S2），而中性词项则取决于下相反项轴的各项结合（－S1＋－S2）。某些自然语言甚至能够根据进入组成的两个词项中哪一个处于主导地位而产生正复合词项和负复合词项。

为了阐述这些词项，曾经提出过多种解决方法，问题仍然是开放的。因此，问题的重要性不能回避：我们知道，那些神秘话语、神话话语、诗性话语等，都表现出对于使用复合范畴词项的特殊偏好。解决办法是很困难的，因为它涉及对于非常复杂和很可能是矛盾的句法行程的辨认，而这种行程最终导致这种构成。

5 丰塔尼耶对于符号学矩阵的总结

图6　丰塔尼耶（Jacques Fontanille, 1948— ）

丰塔尼耶是格雷马斯的亲授弟子。他在继承和发展格雷马斯符号学理论方面作出了突出贡献。他在获得博士学位之后，先是在他家乡利摩日教中学，后来入职利摩日大学，随后连续两届成为该校校长，最后的岗位是法国高等教育部部长社会科学顾问。由于他的努力，利摩日大学的符号学研究中心（CeRes）已经成为法国符号学研究的重要基地之一，有人甚至说，当今法国的符号学研究中心就在利摩日。丰塔尼耶在符号学方面的著述颇多，至今他已出版过 13 部专著和发表 200 多篇文章，其代表性著述有《激情符号学》（*Sémiotique des passions*，1991，与格雷马斯合著）、《符号学与可视对象：论光线世界》（*Sémiotique du visible：des mondes de lumière*，1995）、《张力与意指》（*Tension et signification*，与 Claude Zilberberg 合著，1998）、《话语符号学》（*Sémiotique du discours*，1999，2003，2016）、《符号学与文学》（*Sémiotique et littérature*，1999）、《符号学实践》（*Pratiques sémiotiques*，2008）等，他的《身体与意义》（*Corps et sens*，2011）已由笔者翻译成了汉语，由南开大学出版社出版。关于利摩日大学的符号学研究中心的情况，曾经就读于巴黎索邦大学符号学专业的王天骄博士就写过一篇文章，对其做了专门介绍，发表于天津外国语大学语言符号应用传播研究中心主办《语言与符号·第 7 辑》上面，有兴趣者可以去查阅。

利摩日大学符号学研究中心有多位法国著名符号学家，多种出版物都是极富影响力的。2022 年 5 月 28—29 日，丰塔尼耶先生受邀参加了由天津外国语大学组织的《"结构与传继：叙述论符号学的最新发展"国际专题论坛》线上讲座，他的英语报告内容《1992—2022：符号学三十年的变革与坚持》受到了听众们的喜爱，该报告的汉语译文也已由王天骄博士翻译，请参阅《语言与符号·第 10 辑》。

图 7　丰塔尼耶与王天骄博士合影

在《词典》一书于 1979 年出版之后，多位学者又对《词典》中的相关词条做了补充、讨论和提出了建议，还增加了一些新的词条，并于 1986 年出版了第二部《词典》，依然是由格雷马斯和库尔泰斯担任主编。丰塔尼耶在这第二部《词典》中，为第一部《词典》补充了许多内容，其中就包括他对于符号学矩阵的进一步思考。这些观点在他后来出版的《话语符号学》中有了综合介绍。他把符号学矩阵看作话语的四种基本结构之一，其余三种是二元对立结构、三项式结构（皮尔士）和张力结构，更为简要明白地告诉我们："符号学矩阵将两种二元对立关系综合成了一个系统，该系统既操作着两个相反特征的同时在场，也操作着两种特征中的每一个的不在场。正像我们已经指出的那样，'不在场'由于具备一种类属性，我们可以说，符号学矩阵感兴趣的，是该范畴的内在组织机制和其边界的划定。"（Fontanille, 2016: 57）他又说："一个符号学矩阵就是建立在一种范畴的两个相反特征基础上的，并依据这两个相反特征可以投射出其矛盾特征。"（Fontanille, 2016: 57）他还说："传统上希望，几个词项要摆放得明显，并且作为可视图示，要让人直觉地接受；对角线将用于矛盾关系，平行线将用于对比关系，而垂直线将用于互补关系。"（Fontanille, 2016: 60）丰塔尼耶所说的边界划定，实际上就是符号学矩阵的各种使用条件和限制。我们下面不再介绍丰塔尼耶的论述过程，而是直接看他做出的总结性内容，我们结合一个矩阵来加以说明：

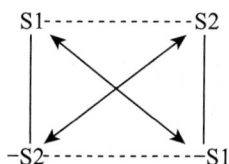

```
S1-------------S2
 |   ↘     ↗   |
 |     ╳       |
 |   ↙     ↘   |
-S2-------------S1
```

丰塔尼耶说，符号学矩阵是用来"行走"的，但是，并不是所有的关系都是可用相同的方式来进行。从一个相反项 S1 到另一个相反项 S2，首先要经过矛盾项 –S1，也就是说要先"否定"行程开始时的词项 S1，然后再"肯定"其相反项，即先否定第一个再肯定第二个，这便遵从了"中间过渡"（médiation）原则。这样做，便会出现两种路径：一种是规范路径；一种是非规范路径。规范路径指从 S1 出发，先否定它（即达到 –S1），然后肯定 S2；但也可以采用非规范方式，即倒过来先从 S1 与 –S2 的互补关系开始，再经过 –S2 与 S2 之间的矛盾关系，达到 S2。总之，非规范路径就是那些不要或者颠倒"过渡"的路径。丰塔尼耶最后总结如下

禁止路径：S1→S2，S2→S1，

　　　　　　–S1→ –S2→ S2；

规范路径：S1→ –S1→S2，

　　　　　　S2→ –S2→S1；

非规范路径：S1→ – S2→S2，

　　　　　　　S2→ – S1→S1。

丰塔尼耶的总结，大大有助于我们正确地理解和使用符号学矩阵。在笔者以往的分析中，遵从规范路径即先否定再肯定的例证还没有出现；多见的是非规范路径中的第一种，即"S1→ – S2→S2"，但我不敢认为，我们的文化中就不存在"规范路径"这种情况。我们在近来一些符号学学家们的使用中，也见到了用第二代词项来分析的例证，例如，2022 年 4 月 4—7 日在法国利摩日大学符号学研究中心（CeRes）举办的以"转变"为论题的法国符号学学会国际研讨会上，巴西学者戴安娜·卢兹·佩索亚·德·巴洛斯（Diana Luz Pessoa de Barros）教授就用结合诚信模态而成的符号学矩阵，总结了巴西诗歌的行文结构（路径），就是"真实→谎言→虚假"。这很好地说明了符号学矩阵的工具性特征，也说明这一矩阵还有进一步拓展的空间。

6 结语

至此，我们对符号学矩阵的产生和使用作了简单的介绍。笔者在过去的文章中，曾多次使用这一矩阵，我的感悟如下。

（1）正确地建立从 S1 到 S2 的相反语义轴非常重要，这就需要从打算分析的文本或话语提供的意指行程中而不是从它们显现出来的词语中确立真正相反的语义词项；相反词项确立不当，就难以确立语义相反轴和建立起对比关系，更不好确立其下相反项即其隐性的矛盾关系，从而难以建立有效的矩阵。

（2）一个矩阵只用于一个基本的"叙述行程"（parcours narratif），从而构成一个最小的叙事（récit）单位。如果一个文本或话语中包含多个基本叙事单位，那么就要分别建立矩阵对其分析，而不能使用一个矩阵来分析多重叙事关系。

（3）我们从符号学矩阵的建立中看到，矩阵是建立在每一个词项的下—相反项的确立基础上的。笔者认为，这在我们的文化中也有相似的思维，例如阴阳之间的辩证关系，中医医药的辩证疗法和近年来提倡的"治未病"的主张，笔者认为都是对于显现词项隐含内容的把握和利用。

（4）我们说过，符号学矩阵是建立在西方文化中二元对立基础上的，而且是适用于分析"叙述性"的，因此矩阵不是万能的，在符号学分析的诸多方面也不必都去想着要建立一个矩阵。

笔者后来还想到了一个问题，即为什么矩阵类的思维模式首先出现在西方，甚至是从亚里士多德时期就已经出现。我的推测是，除了"二元对立"在西方的文化中历时已经很久的因素外，是不是可能与西方人固有的自然观有联系，因为他们把世界看成由水、火、空气和土壤"四行"构成的，并且丰塔尼耶先生成功地将这四行实现了矩阵联系：

水（+）　　　火（−）

空气　　　　土（Fontanille, 2016:p.60）

这只是个人推想，实际上是怎样的情况，留待哲学家、逻辑学家甚至考古学家们去考据。

参考文献

［1］ Fontanille, J. *Sémiotique du discours*［M］. Limoges：Pulim, 2016.

［2］ Greimas, A. J. *Sémantique structurale*［M］. Paris：Larousse, 1966.

［3］ Greimas, A. J. *Du sens*［M］. Paris：Editions du Seuil, 1970.

［4］ Rastier, F. *Entretiens sémiotiques*［M］. Limoges：Editions Lambert-Lucas, 2014.

［5］ 格雷马斯，库尔泰斯．符号学：言语活动理论的系统思考词典（*Sémiotique. Dictionnaire raisonné de la théorie du langage*）［M］. 怀宇，译．天津：百花文艺出版，2020.

The formulation process and application of the semiotic square

Zhang Zhiting

（Nankai University, Tianjin Foreign Studies University）

Abstract：From the source, this article introduces the cultural background of the semiotic square, the process of its formulation and publication, as well as its initial essence and application requirements. This article has a certain reference value for us to understand and use French semiotics, which is an important operational tool. It also allows us to understand the contributions made by Greimas, by his follows and disciples, in the process of formulating and perfecting this square. In help of the content involved in the semiotic square and the theories of Greimas, the author of this article also expressed his own view on French semiotics.

Keywords：semiotic square；narratology；continuous；discontinuous

作者简介

张智庭，笔名怀宇，南开大学外国语学院法语教授，天津外国语大学语言符号应用传播研究中心专职研究员。主要研究方向为符号学研究和翻译。

伦理符号学视域下的中医话语

周延松

摘　要：伦理符号学对全球化语境中的理性世界观和总体性、同一性逻辑提出反思和批判，主张异质性、多元性逻辑和一种他性的人文主义。在伦理符号学视野下，对中医话语的考察，应融合自然科学和人文科学，并把理性的视角和感性的传统结合起来，进行全面、辩证的理论观照。中医话语保留着较为显著的具体性和感性因素，同时具有抽象化和理性的色彩，这与西方医学话语崇尚理性、祛除感性形成鲜明的对比。较之主流话语体系，中医话语是一种他性的存在，在很大程度上，其传播困境可归因于此。作为他者，中医话语应积极展开与西方医学话语的对话，在生命伦理和责任意识的烛照下，以"共同话语"为目标，服务于人类健康的交流实践。

关键词：中医话语　伦理符号学　跨文化传播

伦理符号学是在传统符号学基础上孕育出来的一种新的理论形态，它对全球化语境中的理性世界观和总体性、同一性逻辑提出反思和批判，主张异质性、多元性逻辑和一种他性的人文主义。本文以伦理符号学为视角，对中医话语的历时性演变和共时性特征进行梳理和考察，在科学话语同一性的理论坐标中，分析中医话语的异质性、他性及其认知与传播困境，并由符号的主体间性和"共同话语"的理念，探讨中医话语传播的应对策略。

1 作为伦理符号的中医话语

1.1 中医话语分析的伦理符号学视角

对任何事物与现象的审视，总离不开特定的视角。史密斯（2008：372）指出，关于世界的完整而准确的知识不可能存在，普遍有效的知识或道德系统也没有，存在的只有视角。孙隆基（2015：4）也认为，即便同一个客观世界，同一个面相，也可以从不同的认知意向视角进行观照。而每一次不同的观照，都能获得一种新的意义与关联。对中医话语的考察，自然可以采取多种不同的视角，如文化的、经济的、公共外交的，等等，其结果也不相同。之所以把伦理符号学作为观照中医话语的一个视角，主要基于以下考虑。

一方面，语言是一种符号系统，依照符号学的理论框架，符号性是人的根本属性；

37

医学的观照对象是人，包括身体与心理、生理与病理、个体与社会、技术与伦理等诸方面。对中医话语的符号学分析，能在"人"的层面上有效关联起这些不同的方面，因而脱不开伦理观照的视域。

另一方面，汉语是传承与传播中医学术和文化的主体语言媒介，从传播的角度来看，唯交流可以充分发挥其作为语言媒介的功能。而交流，与其说是一个语义问题和心理问题，倒不如说，它更是一个政治问题和伦理问题。（彼得斯，2015：385）从伦理符号学，可以突破语义分析与心理分析的界限，从更为宽广的视野，获得对中医话语更加深入的认知。

1.2　症状与人体：符号学的认识论起源

人类认识世界，身体是一个自然的起点。所谓"近取诸身，远取诸物"，既是远古汉字的符号学起源，也符合人类认知的一般规律。人体的生理特征与病理变化，首先便会在语言文字中得到反映和表现。人类社会的进步，由"身"而"物"，不断拓展着认识的深度与广度，但无论采取生理的、心理的、社会的乃至其他种种视角与模式，身体都是中医话语的中心。

除了近和远，内与外也是一组相互对立的关联范畴。伴随着从"身"到"物"的外向化拓展，人们的观照视域还有一个相反的面向，即朝着身体内部的不断推进。考察人类继承下来的用语，视觉要胜过所有的其他感觉。（帕默尔，2013：172）在我们所能接收到的符号信息中，80%来自视觉。（冯月季，2017：16）正常情况下，人们只能看到身体的表面和外部，身体内部的各种变化却难以直接由视觉系统进行感知，囿于解剖学的伦理限制，出现了以"司外揣内"为方法论基础的中医藏象理论。在中医学整体观念的视野下，"有诸内者，必形诸外"，显示出内与外的有机关联。

符号学从医学症状学发展而来。（彼得里利，2015：4）患者向医生描述的主观印象称为症状；经过检查和分析，查明的疾病指标则称为标记。（所罗门尼科，2020：3）标记即是符号，疾病的诊断便可视为一种符号化的活动与过程。从本质上讲，符号传递的信息不同于载体本身。（王铭玉，2015：12）症状和疾病也并非同一个概念，症状乃是疾病的表现形式。（西格里斯特，2012：102）中医话语中的藏与象、内与外，同样可作如是观：从人体外部的各种可见表象，能够推断出其内部组织与器官的不同状态。

在较为普遍的意义上，话语符号是外部世界的表征，但并不等同于外部世界；一种语言的词汇系统中，有很大一部分与人的身体有关，身体是表征外部世界的一种符号的符号。对于符号学与医学的此种关联，中西方有着大体一致的传统，正如斯文·埃里克·拉森和约尔根·迪耐斯·约翰森（2018：31）所言，在古人看来，符号学就是医学。

2 日常话语的科学化

2.1 "前现代"医学话语

以人类医学发展史作为考量的坐标,世界上各个民族都经历过源自经验的、魔术的及宗教的原始医术时期。(林品石,2007:69)在初版于1923年的《人与文化》一书中,疾病治疗甚至还被列在宗教活动的类目之下。(威斯勒,2004:71)可见此种观念影响之深远。在这一点上,中西医具有一种共性。现代西医曾经历过草药、冶金术等方面的传统,与中医或者其他古医学的远古传统基本上没有两样。(区结成,2018:1)

如四大文明古国中,古埃及人把人体与气候等自然现象相联系,进行类比联想,艾伯斯纸草文中还列举了望、闻、切的检查方法;古巴比伦人把人体看成一个小宇宙,人体的构造和疾病的发生与天体的运行和变化都有关系;古印度医学已经能够运用视诊、触诊、脉诊等。稍后,古希腊的毕达哥拉斯学派用土、气、火、水四元素分别与干、冷、热、湿四特质相配合,形成身体的四体液学说,而四体液的平衡与协调决定着人体的健康与体质;代表古希腊医学最高成就的希波克拉底在人体与自然相统一认识的基础上,提出整体观念及预防思想。(张大萍、甄橙,2013:29)所有这些,与中医学的理论和方法在总体上并无二致。这种基于经验与宗教的医学模式,其总体性话语方式是感性的、前逻辑的,具有较强的诗意和形象性,而缺乏现代科学意义上的理性思维方式与逻辑结构特征。

但这只是医学话语考量的一个视角。事实上,即便在古代,中医也并非完全没有科学性的成分与因素。林品石(2007:20,111,199)认为,从扁鹊到仓公,基本上是合于科学的,可以看作中国医学的实验派;《黄帝内经》也可视为古代的实验医理。在12世纪以前,中西方解剖学的发展历程是大体相同的。古罗马的盖仑在解剖学研究及实验生理学领域作出了巨大的贡献,推动了经验医学的科学化,奠定了西方医学的科学基础,而他把饮食与药物、外科作为并列的三类治疗方法,(张大萍、甄橙,2013:24)依然体现出一定的经验医学色彩。

尽管古代的医学"实验"与现代医学科学之间还存在相当大的差距,但在古代医学话语的考察中,突破单一化思维,把感性和理性结合起来,应该是一种较为全面的方法论,能够祛除标签式的同一性,凸显其多元与辩证的属性。

2.2 从日常话语到科学话语

人类原初的自然语言都是日常性的。人类社会的进步,社会分工的发展,使日常话语朝向包括科学在内的各个领域持续分化。循着日常话语科学化的路径,感性、形象性、具体性不断降低,理性、概括性和抽象性不断增强,科学语言与日常语言分道扬镳，最终达到一个新的独立发展的阶段。（卡西尔，2017：181；陈嘉映，2018：195）作为一种专业性、技术性的话语方式，中医话语的发展轨迹与一般科学技术话语是一致的，都由日常话语演变而来。

词汇是语言使用中承载语义的基本单位，科学话语的意义集中体现于专业术语之中。总体而言，科学术语的形成路径主要有两种：给旧词增添新义，以及创造新词。中医学与人们的健康、医疗实践紧密相关，加之语言发展内在的经济学原则，在日常词汇的基本语义之外，通过引申、隐喻等方式，附加专业性语义，成为中医学术语形成的基本途径。这丰富了汉语的词汇系统与文化色彩，同时构成中医话语的一个显著特色，尽管抽象性和理性得以提高，并在话语实践中不断强化，但其原有的基本语义并未剥离，且无法剥离，依然存在着相当程度的形象性和感性。

20 世纪初，随着西学东渐的深入，新文化运动开辟了中国文化的新纪元，影响了中国社会的各个方面。在语言领域，白话取代了文言，成为话语实践的主体工具；而在认知与思维的方式上，作为新文化运动旗帜的"科学"观念逐步取得了统治地位，且日趋稳固和强大，影响所及直至当今，并仍将持续。语言是思维的媒介、途径和结果，若将视野拓展到语言之外，中医话语由古典形态向现代形态的转型便不仅意味着白话和文言的更替，也是思维方式的科学化，尽管这一过程极为缓慢，却是一种普遍的趋势。可以说，新文化运动对中医话语的影响是多方位的，也是深刻而长远的。

3 中医话语的他性逻辑

3.1 科学话语与同一性

文艺复兴以后，随着人体解剖学的创建和自然科学的兴起，西方医学抛弃了神灵主义和自然哲学的医学模式，而代之以建立于实验基础之上的生物医学发展模式，"科学"的世界观日益壮大，并逐渐占据支配性地位，中医话语与西方医学话语渐行渐远，成为一种"补充与替代医学"、西方医学的"他者"。

解剖学的发展历程正可作为一种表征，感性、前逻辑性或非逻辑性的话语特性逐步被理性和逻辑性所超越、遮蔽、取代，多元性与辩证性演变为同一性、总体性。恩斯特·卡西尔深刻地阐明了科学话语的这一演变规律：感性、形象性与诗意性逐渐减弱，理性、抽象性与逻辑性则逐渐增强。

从理想的形态来看，科学话语把逻辑功能视为唯一的尺度，追求概念的确定性、表述的明晰性及意义的单一性，这也是标准化的认知基础与实践前提。中国传统文化具有原生性，汉语的发展同样如此。中西方文化汇通以前，中国传统文化的发展并不注重语言的逻辑功能，没有语法，缺乏形式化特征；随着"五四"新文化运动的兴起，文言取代白话，汉语的逻辑功能得到加强。（甘阳，2017）在同一性的科学主义精神"指引"下，逻辑性成为中医话语科学化的一个重要标尺。

3.2　中医话语的异质性

按照比较文化学的观点，中国文化所代表的东方文化是一种延滞的文化，西方文化则是一种演变的文化。（陈序经，2010：454）这在中医话语，或可为一个显著的例证。中医话语历时久远，就理论体系的奠定基础而言，《黄帝内经》为其渊薮，其中的很多表述至今依然见于各种类型的中医文本，其话语实践可谓历久弥新。

从历时性的角度进行考察，中医话语在科学化的同时，始终保持着很强的传承惯性。无论阴阳、五行学说这样的理论基础，还是藏象学说、经络学说、病因学说、病机学说、辨证论治等基本的理论形态和诊疗方法，经《黄帝内经》《伤寒杂病论》《难经》等经典医籍提出并阐发之后，其地位便难以撼动，时至当下，基础性的中医学术语一般也都脱不开内经和伤寒论的范畴。

无法剥离的传统基因，与科学化规范之下不断增强的同一性，在矛盾、冲突与整合、调和中发生着缓慢而艰难的演变，由此形成的现代中医话语便具有了感性与理性、前逻辑性与逻辑性交融共生的特质，从而区别于科学话语理性与逻辑性的单向度发展，成为一种确然的异质性存在。

3.3　中医话语传播的困境

多元性、异质性与同一性、总体性，是由比较而产生的概念。在科学话语的理论框架内，中医话语的异质性显露无遗。而在同一性和异质性的博弈中，占据统治地位的往往是同一性。科学主义与全球化密切相关。在某种程度上，全球化极大地促进和增强了同一性，同时彰显和制约着异质性。较之主流的科学话语和西方医学话语体系，中医话语是一种他性的存在。以科学主义为哲学基础和思想支柱，西方医学话语的独尊地位日益巩固，而中医所代表的传统医学则逐步边缘化，"补充与替代医学"既是他性逻辑的必然命运，也是中医话语传播面临的当下困境的根本原因之一。

根据雅各布森语内翻译和语际翻译的划分，中医话语的传播也可从语内和语际两个角度分别进行考察。从语内传播的角度来看，中医话语的人文属性异常突出。一方面，汉语重意合、轻逻辑，语词的意义与功能具有较大的弹性，不易把握，这些都不同于英语的重形合、重分析，语词与概念的意义单一而明确，语法功能固定而清晰，另一方面，中医话语由日常语言发展而来，同时保留着较为显著的具体性和感性因素，而语言发展的内在规律与学术交流的外部规范又使之抽象化，并赋予其理性的色彩，这与西方科学话语、主流医学话语崇尚理性、祛除感性形成鲜明的对比。

从语际传播的角度来看，中医话语以汉语为主要的语言媒介和载体，与英语的霸权地位存在一定的冲突。较之西方医学话语与英语，中医话语与汉语明显处于弱势。在可以预见的较长时期内，这种状况很难改变。随着健康医疗领域的中外合作与交流渐趋频繁，中医文本的外译取得了长足的进步。以可译性为基础，语言符码的转换会产生可容性"变值"。（刘宓庆，2005：105）赵毅衡（2016：37）指出，符号需要携带意义，受众对物的感知有一个"片面化"的过程，由此形成部分义值脱落的"简写式"意义。而在符号学重要理论家西比奥克的描述中，语言是一种模塑手段，跨符号类型语际翻译的过程，必然伴随符号意义的"增殖"。意义是话语的中心，符码转换过程中意义的变化或增减，使中医话语的语际传播产生不同程度的阻碍，从而影响接受的效果。

宽泛地讲，跨文化传播首先是跨语言的传播，语际传播同时也是跨文化的传播。如果说，语内翻译面对的是同种文化的受众，那么语际翻译的接受对象则是异质文化的目标群体。较之语内翻译与传播，中医话语的异质性，使其语际翻译与传播，尤其面向以科学话语为主导文化背景的接受者，必然会产生语言符码更为显著的意义增减或变化。在伦理符号学的视野中，这还是符号传播的内在本质。

4 "共同话语" 与中医话语传播

4.1 从生命伦理到主体间性

伦理符号学倡导一种他性的人文主义，它的关注重心，是人的符号维度，和符号的人性维度。（佩特丽莉，2014：268）从人性与伦理的视角，符号是生命的本质属性，与交流同一；而符号的交流是一个过程，具有开放性。在特定的情况下，为着特定的目的，任何事物都可以被符号化。（拉森、约翰森，2018：114）符号化的过程也就是传播，在符号传播的过程中，其潜在意义得到了实现，或者用皮尔斯的术语来讲，从直接解释项跨越到了动态解释项。这里，直接解释项与潜在意义、动态解释项与实现了的意义（理解或翻译，前者为语内传播，后者为语际传播），可以分别作大致对应的理解。

"直接解释项"把符号意义看作解释项所一般地、习惯地使用的，它关系到解释项对符号的直接回应。而"动态解释项"在特定语境中来看待符号的意指，因为它是按照特定意图来加以使用的。（佩特丽莉，2014：155）如此，焦点便聚集在"特定语境"和"特定意图"上，而这两者又紧密相关。

以中医话语的符码在语际间的转换来说，"特定语境"和"特定意图"都会对传播的结果产生重要的影响。所谓语境，既有西方医学话语位居主流、补充与替代医学话语趋于边缘的总体性语境，也有现实交际事件中的个别化语境。在语言层面，中医话语作为一种原生、自足的话语体系，其本身即构成一种语境；而在话语符号的实际交流过程中，从单个的语词，到语段、语篇，又分别形成一个个层次有别却具有"主体间性"的交际语境。

语境是一种相对客观的存在，意图则有着较强的主观性。现代符号学理论认为，决定符号交流结果的，是信息符码的接受者而非发送者。跨文化传播的交际双方各有不同的文化背景和接受期待。中医话语符码的语际转换，其"动态解释项"在很大程度上取决于接受者的"特定意图"，能否跳脱出科学话语的同一性思维模式，对传播的结果具有决定性意义。

4.2 科学主义与人文精神的对话

从根本来说，人类全部知识和文化的建立，并非基于逻辑概念和逻辑思维，而是隐喻思维，或者说是一种先于逻辑的概念与思维。（卡西尔，2017：14）因此即便是科学话语，也无法脱离概念的隐喻性和意义的可变值性。在终极意义上，任何理解都必须以自然语言为根据，只有通过自然语言，人们才能确确实实地接触到实在。（陈嘉映，2018：213）而且，除了专业术语和一些固定的表达方式，科学话语和日常话语在语音、语法等层面都是一致的，这是人类理解的前提，否则，语言的交际功能便难以发挥。可见，科学话语的理性与逻辑性都只是相对的，无论中医话语，还是西方科学话语，其间的差异，仅在于程度不同而已。

在伦理符号学的理论视野中，世界具有多元性而非单一性，具有异质性而非同一性。对作为伦理符号的中医话语进行考察，也应超越学科领域的分类与分野及自然科学和人文科学的分离与分割，把理性的世界观和人类与现实世界感性关系的通俗传统联系起来，进行全面、辩证地理论观照。

虽然从科学主义的观点来看，汉语语法没有能成功地激发出单纯的逻辑模式，但赋予了中国人举世无双的辩证思维，因而对汉语的语言学观察、分析和解释，在以科学主义精神为默认配置的同时，还需附加配置以人文主义精神。（冯胜利、李旭，2015：269）而且从原则上讲，即便科学概念，也不能取代自然概念，而是会构造一个整体，从而形成一种新的语言。（陈嘉映，2018：195）毕竟，无论表达还是接受，在中医话语的实践中，我们不可能完全撇开与专业性语义相伴随的基本语义及其文化背景。

在认识形态上，科学是独白型的，而人文的本质则是对话型的。（王铭玉，2015：156）中医话语既非一种纯粹、典型的科学形态，同时还结合了人文主义的元素，对它的认识也必然包含有人文主义视角，因而具有内在的对话性。而且从认识的过程来看，中医话语的认知主体并非纯然的物，同时也是人，主体本身不可能被作为物来进行感知和研究，对主体的认识只能是对话性的。（王铭玉，2015：157）

4.3 "共同话语"理念下的中医话语传播

"共同话语"是由罗西-兰迪提出来的概念，它着眼于人类社会群体乃至整个有机生命世界的基本相似方面，超越了历史和地理的差异，对人类的成功交流，具有本质性意义。（佩特丽莉，2014：236）中医话语和位居主流的西方医学话语尽管存在思维方式、价值观念、认知视角、技术手段等各方面的隔阂与分歧，但以人类健康为目标的生命伦理则是同一的。千百年来，孙思邈"人命至重，有贵千金"一直被奉为"精诚大医"对待生命伦理的典范。而在西方医学的话语体系中，同样有着敬重生命的传统。作为其医德与医学伦理的经典，《希波克拉底誓言》提出的客观、体谅、关爱、仁慈等，都具有普适性的意义与价值。文艺复兴以来，各种形式的人本主义不断为之注入新的元素，并且传承至今。这是中西方医学话语进行对话，寻求"共同话语"的认识与伦理基础。

据《周礼·天官冢宰》记载，早在西周时期，我国即已有疾医、疡医、食医、兽医的医学分科，把人类和动物的疾病放置在同一层面加以看待。比较而言，人们更多关注的是以"食医"为代表的医食同源传统，对动物医学及其与人类健康的关系却缺乏足够的重视。1984年，施瓦比提出"同一医学"（one medicine）概念；2010年，联合国粮农组织、世界动物卫生组织和世界卫生组织共同提出"同一健康"（one health）倡议。其目的，都是从人类与动物及整个生态系统的相互依存角度出发，强调通过综合性、跨学科的方法，促进生命健康。（张大庆，2020：239）

随着科学主义弊端的逐步显现，在各个学科，尤其是社会科学领域，西方学术界对同一性与总体性不断质疑。如经济学家舒马赫就认为，科学主义是一种"贫乏的世界观"。（冯胜利、李旭，2015：272）生物医学模式暴露出自身的不足，转而向心理和社会探寻健康问题的解决路径，逐渐形成生物—心理—社会医学模式。20世纪以来，西方世界从各个历史时期的人本主义与人文传统中汲取养料，形成一股强大的文化主义思潮或者说文化哲学，于同一性的科学主义中，积极融入人文化的因素与色彩。表现在健康与医疗领域，由这一思潮所激发而形成的话语符号，便具有了明确的生命特质与人性维度；它的观照对象，也不再局限于话语本身，而是向着多个领域和多重视角延伸，其话语实践，则最终落实在责任意识，从而回应了生命至重、以人为本的人伦理想。

在"共同话语"的理念下看待全球化的结果，它既不是同质化，也不是异质化，而是一种同时发生、多边连带的全球本土化，相互补充，相互渗透。（兰塔能，2013：107）既是全球的，又是本土的，从科学主义的同一性和总体性视角突围出来，作为他者的中医话语应积极展开与西方医学话语的对话，在生命伦理和责任意识的烛照下，以"共同话语"为目标，服务于人类健康的交流实践。自我，正是以对话的方式隐含于他性之中。（彼得里利、蓬齐奥，2015：3）差异，甚至冲突的存在，不会因"共同话语"而消失，而是展开对话的基础；他者，需要积极向主体间性进行转化，进而消弭"他者"，重新设定"双主体"乃至"多主体"。这样，才能真正实现人类理解视域中的交流，构建人类卫生健康共同体。

参考文献

[1] 彼得里利,蓬齐奥. 打开边界的符号学:穿越符号开放网络的解释路径 [M]. 王永祥,彭佳,余红兵,译. 南京:译林出版社,2015.

[2] 彼得斯. 对空言说:传播的观念史 [M]. 邓建国,译. 上海:上海译文出版社,2015.

[3] 陈嘉映. 哲学·科学·常识 [M]. 北京:中信出版社,2018.

[4] 陈序经. 文化学概观 [M]. 长沙:岳麓书社,2010.

[5] 冯胜利,李旭. 语言学中的科学 [M]. 北京:人民出版社,2015.

[6] 冯月季. 符号传播学教程 [M]. 重庆:重庆大学出版社,2017.

[7] 甘阳. 从"理性的批判"到"文化的批判" [M] //恩斯特·卡西尔. 语言与神话.于晓,等,译. 北京:生活·读书·新知三联书店,2017.

[8] 卡西尔. 语言与神话 [M]. 于晓,等,译. 北京:生活·读书·新知三联书店,2017.

[9] 拉森,约翰森. 应用符号学 [M]. 魏全凤,刘楠,朱围丽,译. 成都:四川大学出版社,2018.

[10] 兰塔能. 媒介与全球化 [M]. 章宏,译. 北京:中国传媒大学出版社,2013.

[11] 林品石,郑曼青. 中华医药学史 [M]. 桂林:广西师范大学出版社,2007.

[12] 刘宓庆. 当代翻译理论 [M]. 北京:中国对外翻译出版公司,2005.

[13] 区结成. 当中医遇上西医:历史与省思 [M]. 北京:生活·读书·新知三联书店,2018.

[14] 帕默尔 L R. 语言学概论 [M]. 李荣,王菊全,周流溪,陈平,译. 吕叔湘原校,周流溪补校. 北京:商务印书馆,2013.

[15] 佩特丽莉. 符号疆界:从总体符号学到伦理符号学 [M]. 周劲松,译. 成都:四川大学出版社,2014.

[16] 史密斯. 文化理论:导论 [M]. 张鲲,译. 北京:商务印书馆,2008.

[17] 孙隆基. 中国文化的深层结构 [M]. 北京:中信出版社,2015.

[18] 所罗门尼科. 普通符号学论纲 [M]. 蔺金凤,赵雪华,译. 南京:江苏人民出版社,2020.

[19] 王铭玉. 语言符号学 [M]. 北京:北京大学出版社,2015.

[20] 威斯勒. 人与文化 [M]. 钱岗南,傅志强,译. 北京:商务印书馆,2004.

[21] 西格里斯特. 西医文化史(人与医学:医学知识入门) [M]. 朱晓,译. 海口:海南出版社,2012.

[22] 张大萍,甄橙. 中外医学史纲要:第二版 [M]. 北京:中国协和医科大学出版社,2013.

［23］张大庆. 医学史十五讲［M］. 北京：北京大学出版社, 2020.

［24］赵毅衡. 符号学：原理与推演（修订本）［M］. 南京：南京大学出版社, 2016.

On the Traditional Chinese Medicine Discourse
from the Perspective of Semioethics

Zhou Yansong

（Nanjing University of Chinese Medicine）

Abstract： Semioethics proposes reflection and critique of the rational world view and the logic of totality and identity in the context of globalization, and advocates heterogeneity, pluralistic logic, and a kind of otherness humanism. From the perspective of Semioethics, the investigation of TCM discourse should integrate natural science and humanities, and combine a rational perspective with a perceptual tradition to conduct a comprehensive and dialectical theoretical observation. TCM discourse retains obvious elements of specificity and sensibility, and also has the character of abstraction and rationality. This is in stark contrast to the western medical discourse that advocates rationality and dispels sensibility. Compared with the mainstream discourse system, TCM discourse is a kind of otherness existence, and its communication difficulties can be mainly attributed to this. As the otherness, TCM discourse should actively engage in dialogue with western medical discourse, under the candlelight of bioethics and responsibility awareness, with the goal of "common discourse" to serve the communication practice of human health.

Keywords： Traditional Chinese Medicine Discourse（TCM Discourse）；Semioethics；Cross-cultural Communication

基金项目

国家社会科学基金重大项目 "中医药文化国际传播认同体系研究"（项目批准号：18ZDA322）。

作者简介

周延松，南京中医药大学国际教育学院副教授。主要研究方向：中医语言文化。

因字构形：一种汉字与图像的融合艺术

钟　鼎

摘　要： 因字构形是指以汉字作为构件，构成某种新颖别致、为我所需之图形，由此提升汉语书面语表达的视觉表现力。因字构形有其自身的美学呈现方式，主要包括以汉字构成独到的字面图形设计、以汉字构成巧妙的美术画面呈现、以汉字构成新奇的文字模块组合三种类别。因字构形是汉字特性所赋予、汉文化土壤所孕育的一种特有的文字与图像巧妙交融、阅读与观看和谐统一的书面语表现方式，形式多样，类型丰富，彰显了汉字艺术表达的独特魅力，体现了迥异于西方的文象关系与思维范式。在这里，其文字与图像的融合是等级制的、字本位的，书写的文字支配了图像，左右了图像构成与理解的方向，呈现了不同于拼音文字有限构形的特质。

关键词： 因字构形　美学呈现　民族文化动因　构成特质　汉字特性　文象关系　思维范式

　　汉字是记录汉语口语的书写符号系统，具有可视铭记性。本文所言因字构形是指以汉字作为构件，构成某种新颖别致、为我所需之图形，由此提升汉语书面语表达的视觉表现力。[①] 因字构形是一种独特的汉字与图像交融艺术，体现了汉字与图像的相融相合，魅力独具。此问题研究对于深入认识汉字艺术特性以及东西方文象关系与思维范式，扫清学科分类认知盲点，拓展学术研究新领域，无疑都有着重要的价值与意义。

1 因字构形的美学呈现方式

　　在汉语书面语表达中，因字构形类型丰富多样，概括起来，主要包含以下几种方式。

1.1　以汉字构成独到的字面图形设计

　　汉字具有方块特性，字形方正，美观大方，不管笔画多与少，所占空间均等，由此

[①] 孟华（2008：12）曾提出符号学文字观，认为"文字是表达语言的一种可视性方式"。文字包括文字符号、象符号两部分内容，汉字学"本质上就是一种关于视觉符号的理论"。所谓视觉符号除了包括文字符号外，还包括"图像、仪式、舞蹈、建筑、服饰等"象符号。对此观点，我们是赞同的，这种大视野的研究方式，对于深化文字学、美术学认知极具意义，许多以前为人们所忽略的问题得以关注。由此，本文采用广义的书面语表达观，把书法、绘画等视觉符号表达也纳入关注范围之内，广义的书面语表达关联或内涵了书法和绘画要素。

众多的方块汉字组合在一起，就很容易构成某种表达所需之图形。适当调动汉字的方正功能，由此设计出某种独特的字面图形，以与其所表语义相映照，可以产生一种非同寻常的视觉修辞表达效果。

<blockquote>
风

草动

扇底送

吹梦无踪

得意马蹄轻

徐来水波不兴

夜来门外扫残红

吹皱一池底事干卿

野火烧不尽春风吹又生

故国不堪咏小楼昨夜东风

本是君子德行化入清官袖中

（《咏风》）
</blockquote>

　　这是一首有名的题为《咏风》的宝塔诗，作者不详。① 该诗把方正的汉字当砖使，用来砌墙造塔：首先以一个"风"字开头，然后巧妙安排，每行增加一个字，间或增加两字，组成宝塔之形。从第二行起，少有"风"字出现，俱从不同视角描写风之特性，多处含典，不但意境优美，宝塔之造型也与所表语义相映呼应，别有一番韵味。

<blockquote>
我

爱

你

新

工

业

区

我的心情如马雅可夫斯基体的"楼梯诗"。

（王蒙《轮下》）
</blockquote>

---

① 见李屹之主编《中华句典大全集》，新世界出版社，2008 年第 135 页。

48

上面这首诗摘自王蒙小说《轮下》。错落有致的汉字排列，给人以形式美，使人极易联想到楼梯之形，这种构形上的安排，并非为了形式而形式，它与作者不平静的心境和谐一致，是一种很好的视觉衬托。

雨雨雨雨雨雨……
星星们流的泪珠么。
雨雨雨雨雨雨……
雨雨雨雨雨雨……
花儿们没有带雨伞
雨雨雨雨雨雨……
雨雨雨雨雨雨……
我的诗心也湿了。
雨雨雨雨雨雨……
（詹冰《雨》）

这首诗借助"雨"字的象形特征，上下、左右关联，像一幅雨的水墨画，渲染出雨水淋淋的景象，极富画面感。

由于汉字形体还具有字号大小的区别，有时也可被用来构成某种设计图形。

"在电话筒里给我个吻，我就来。"

电话筒里啧的一声儿，接着就是笑声，一面儿便断了；我再讲话时，那边儿已经没了人。

（啧啧啧啧啧）

这声音雷似的在我脑子里边哄闹着，我按着她写给我的地址，走到法租界很偏僻的一条马路上。找到五十八号，是一座法国式的小屋子，上去按了按铃。右边一排窗里的一扇，打开了，从绿窗帷里探出一颗脑袋来。（王艾松、邵文实主编《致命激情》，昆仑出版社，1999 年。）

在这里，通过"啧"字字形的逐渐大化，给人强烈的听觉触动，凸显了电话中的吻声对"我"产生的震撼力之巨大。

以汉字构成独到的字面图形设计，在书法艺术中亦早已有所体现。

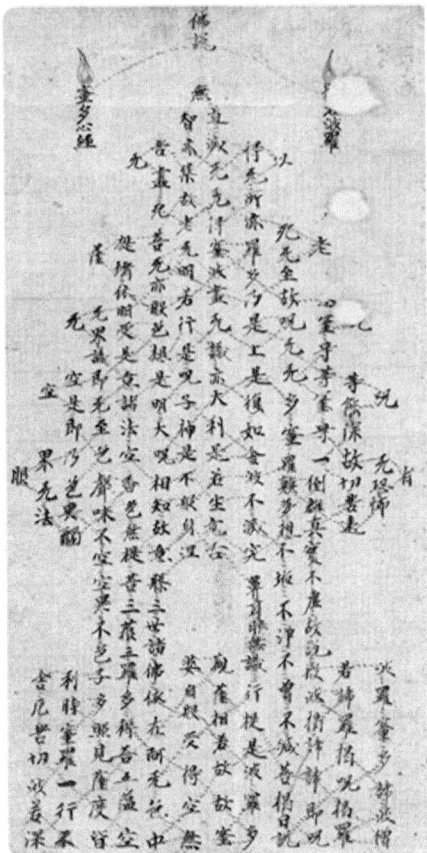

图 1 《宝塔心经》①

　　以上是英国人斯坦因收集的敦煌《宝塔心经》水墨纸本图片，现存于大英图书馆。该《宝塔心经》把佛经中的 260 字《心经》以佛塔的形状书写出来，塔状包括塔座、塔身和塔顶三部分，而塔身又分为五层，其解读方法是从塔门左下角的"观"字开始，沿虚线依次读之，最后心经结尾"婆诃"是收在塔门的右下角，实现了首、尾相连，其巧妙匠心令人叹服。该《宝塔心经》书写优美，图文并茂，新颖别致，极具趣味性和观赏性，是敦煌遗书中的写经精品，实属"宝中之宝"。

1.2　以汉字构成巧妙的美术画面呈现

　　由于汉字是由点与线的笔画构成的书写符号体系，易与绘画构成的线条相一致，由此，因字构形还可以表现为利用一个或多个汉字，构成一幅美妙的图画。②

---

① 本文用以研究的图片素材大多来自网络，基于学术研究兴趣，日常特意关注相关主题图片，深受启发。鉴于难以一一追本溯源，故未能注明出处。笔者愿与图片原创作者沟通请教，并在后续研究中补注图片创作信息。在此对图片作者致以深深谢意！
② 孟华（2011）把此种因字构形视作"类文字"的一部分，认为其"具有图像和文字双重编码特性"。

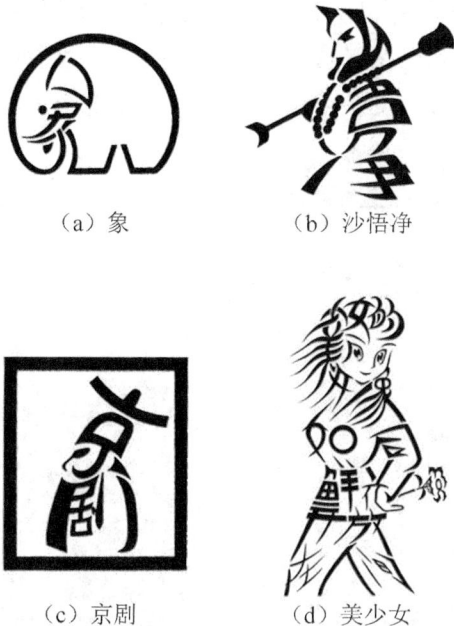

（a）象　　　　　（b）沙悟净

（c）京剧　　　　　（d）美少女

图2

图2（a）映入眼帘的是一只可爱的小象，细加观察，可以发现它是由汉字"象"加以发挥构成，非常传神。图2（b）是憨厚的沙僧形象，笔墨极为凝练，细加找寻，可以看出它由变体的"沙悟净"三字组合而来，字义与图像恰好吻合。图2（c）刻画的是一京剧人物形象，简洁而明快，细加研读可以看出它实际上由夸张的"京剧"二字组构而成，给人一种恰到好处的审美愉悦。图2（d）勾勒的是一潇洒的摩登女郎，画面丰富、饱满，经由文字提示，可以发现它竟然是由"少女的美丽形象如同鲜花一般开放在人间"18个汉字而构成，且字义与画面意境也和谐相融，让人在辨明之后不免有一种曼妙的欣喜之感。

有时，由汉字构成的美术画面呈现还可以通过汉字的笔画加以巧妙实现，但仍具整体性，整体构成某种图像。

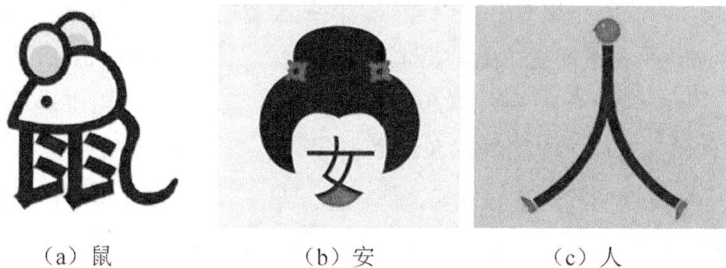

（a）鼠　　　　　（b）安　　　　　（c）人

图3

51

图3（a）把"鼠"字上半部分勾勒成鼠的头部形象，"鼠"的最后一笔也加以发挥，一个活泼可爱的小老鼠形象跃然纸上。图3（b）把"安"的宝盖设成女性头部形象，再通过"女"字笔画的巧妙安排——横与眼部位置吻合，外加一女性的唇红，一个温婉的女性形象得以描摹。图3（c）在"人"字笔画的起笔与落笔处，加上着色的人的头部——点睛、画鼻与行走的双脚———一前一后，一个生动的人的形象也呼之欲出。

以汉字构成巧妙的美术画面呈现，不为现代汉语所独有，在汉语视觉传达中早已存在，并呈现不同特性。

（a）《老来难》　　　　　　　　（b）《三圣像》

图4

图4（a）是用传统戏曲剧目《老来难》的曲词勾勒出的一个老人拄杖的画像，利用文字的排列组合，对人物主要形体进行造型，身体轮廓、服饰与衣纹均由汉字体现而出，形象逼真。百姓贴于屋里，用以提醒人们的孝敬之心，久传不衰，具有很好的传播效果。图4（b）是孔子博物馆里的展品《三圣像》，画面中间的老者为孔子，弟子颜回、曾参侍立左右两旁。让人称奇的是，孔子师徒三人衣服上用工笔小楷书写有整部《论语》，字体端庄秀丽，与服饰的条纹和谐一致，是一种很好的艺术创意。《三圣像》为明人所绘，它通过字画结合的方式，让世人记住了《三圣像》。图4的（a）（b）共同特点在于均以汉字书写的字流进行构形，而不是通过汉字笔画的线条化进行描摹，因而只用以勾勒轮廓或体现服饰纹理，不做面部特征等具体勾画。

1.3　以汉字构成新奇的文字模块组合

　　汉字有独体字、合体字之分。独体字是由笔画构成的汉字，它是一个整体，不可再分。合体字是由两个或两个以上的独体字组成的，独体的象形字和指事字是构成合体字的基础。由此，因字构形有时还可以表现为把两个或多个汉字结成一体，构造出一个新的汉字组合形式。此种表现手法，在书法、印章中早已有之，主要体现于花押艺术，也即古人的个性签名中。

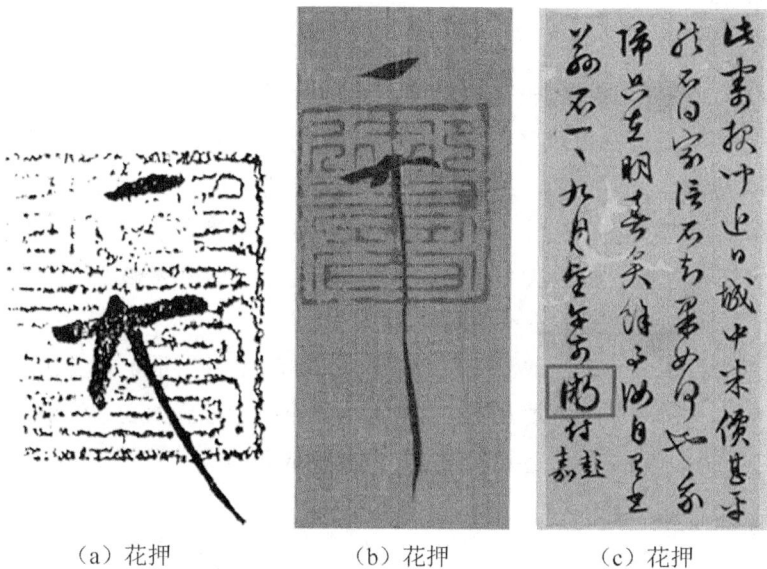

（a）花押　　　　　　（b）花押　　　　　　（c）花押

图 5

　　图 5 的（a）（b）为宋徽宗赵佶风格特异的花押，时而像个"天"字，时而又像个简化的"开"字。实际上，此花押是由"天下一人"组合而成的文字模块，恰好映衬出宋徽宗的皇帝身份及其艺术成就。"天下一人"，组构巧妙，狂放豪迈，横齐天，竖着地，具有帝王之气，无怪乎宋徽宗的花押，被学者称为"绝押"。图 5（c）红框所示，是明代画家、书法家文徵明所用花押，它由"徵明"二字合体而成，左密右疏，看起来既像"徵"字，又像"明"字。嘉靖二年，文徵明受人推荐应贡入京，成为翰林院待诏。入京途中和在京生活后，文徵明给苏州家里的夫人和两个儿子文彭、文嘉写了许多家书，图中"付彭嘉"表明他是写给儿子文彭、文嘉的。

　　明末清初画家朱耷，号"八大山人"，他擅长水墨花鸟，形象夸张奇特，笔致简括，是中国画一代宗师。有意思的是，在八大山人的书画中常常会看到一个奇怪的印章，形状像一只木屐，故被人称作"屐形印"。①

---

① 耶鲁大学终身教授班宗华（Richard Barnhart），美国杰出的中国艺术史学者，至今已出版过 8 部有关中国艺术史方面的著作和多篇学术论文。在其著述中，就把屐形印翻译成 Slipper Seal。

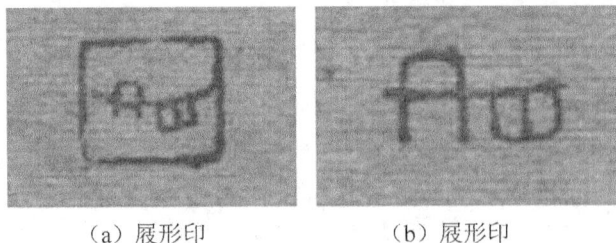

(a) 屐形印　　　(b) 屐形印

图6

　　此"屐形印"的印文内容至今尚无定论，历来大家对其释读各执一词。张大千认为印文是"一"字横穿"山人"二字，读为"一山人"。吴同认为"山人"其实是一个"仙"字，应读作"一仙"。王己千则将这个图形拆解成"八大山人"四个字。以上各种观点，都有道理，虽有不同，但其共同特点就是大家都把它当作一文字模块组合来进行解读，而不是其他。我们从中可以深切感受到汉字模块艺术组合之妙趣无穷，所具有的多义性也使其文字表现充满张力与弹性。

　　汉字虽然数目众多，但构成汉字的偏旁却极为有限，不同的汉字中常常会出现相同、相近的偏旁。在汉字的物质书写中，有时为追求一种独到的表达效果，其相同、相近的偏旁可以为两个或多个汉字共同使用，由此构成新的汉字组合体。

(a) 招财进宝　　　　　(b) 逍遥游

图7

　　图7（a）是汉字偏旁共用的范例，堪称经典，广泛运用于民间张贴。它通过汉字相同、相近偏旁的多处共用，用简练的一字构形表达出"招财进宝"四个字的语义内容。图7（b）是中央美术学院徐海教授创作的书法作品"逍遥游"①，因其有共同的走

①　"游"的异体字写法可为"遊"。

54

之旁，所以三字共用一个走之而关联整幅作品，构图、布局可谓独具匠心。

2 因字构形的汉民族文化动因及其构成特质

关于因字构形，孟华（2008：137）从符号学的视角把它归结为"汉字的中介化"："汉字具有介于书写符号与图像符号中间的性质，它以意象性原则统一了造字汉字和象符号这两个不同符号媒介的表达方式，从而造成'文象互动''言象互动'的替代性效果，这就是汉字的中介化。说'中介化'是替代性的，是因为统一的意象性原则消解了听觉媒体和视觉媒体、书写语言和象符号之间的对立性特征，使汉字的意象性编码原则成为各种符号共同的生成机制，汉字成为汉文化各类符号系统的内在形式和编码原则。"此种观点是独到、深刻而本质的，对于我们深层次思考因字构形的汉民族文化动因及其构成特质问题不无启示意义。

2.1 因字构形的汉民族文化动因

因字构形艺术，可以说是汉字特性所赋予、汉文化土壤所孕育的一种独特的书面语表现方式。汉字是表意体系的文字（黄伯荣、廖序东，2017：138），迥异于西方的拼音文字。现代语言学理论的奠基者、瑞士语言学家索绪尔（1982：50－51）将汉字视为表意体系文字的古典代表："一个词只用一个符号表示，而这个符号却与词赖以构成的声音无关。这个符号和整个词发生关系，因此也就间接地和它所表达的观念发生关系。这种体系的古典例子就是汉字。""作为汉语修辞的一种特殊材料，汉字为汉语书面语修辞提供了广泛的可能性，能满足中国文学多方面的审美要求，也给作家诗人提供了充分的施展个人才能的广阔天地。"（王文松，1997：7）因字构形艺术的产生有其深层次的汉字文化动因。其一，汉字是大字符集，它用由不同笔画构成的大量表意符号来记录语言的单音节词或语素，一般认为有五六万字，常用的也有几千个，有更多因字构形的选择余地。正如陈望道（1980：165）所指出："字形既已繁多而又多少带有图形的性质，文章上就不免很有些人在字音所致的'听觉效果'而外，并注意字形所致的'视觉效果'，而有所谓'字面'问题了。"这是西方拼音文字所不及的。拼音文字记录的是语言的音素或音节，因语言里的音素或音节数量极为有限，所以拼音文字是小字符集，通常表现为几十个字母或符号，艺术表现力不强。其二，汉字在其历时发展演变过程中，出现过甲骨文、金文、大篆、小篆、隶书、草书、楷书、行书、鸟虫书等多种形体，且有手写体与印刷体之区别，可竖写左行亦可横写右行，在书写外形、书写方式上有更多可供调动的因素，这也为因字构形在汉语中的广为运用提供可能、可行。西方拼音文字虽也存有多种艺术书体，但只能横写右行，不能竖写，更不便于错落书写，这些也制约了其自由发挥的张力。其三，"汉字是具有一定艺术性的文字"。（钟鼎，2015）"世界各国的文字，要算我们中国字为最美术的。别国的字，大都用字母拼合而成，长短大小，很不均齐。只有我们中国的字，个个一样大小，天生成是美术的。"（丰子恺，1985：331）① "汉字的艺术气质"成就了中国的书法艺术。（钟鼎，2015）余秋雨（2013：4）甚至将书法艺术视为中国的"文脉之始"，足见汉字在中华文化中地位之重要。因字构形艺术与汉字自身所带有的艺术特质不无关系。

　　因字构形艺术的产生，也有其汉字与图像关系方面的动因。文字来源于图画，由图画发展演变而来。但在汉文化中，由图画发展演变而来的汉字，并没有像其他西方文字一样同图画分道扬镳，而是遵循自身的发展规律，保留有一定的图画性。对此，李泽厚（2008：270）就曾指出："我认为，汉字（书面语言）重大的特点在于它并不是口头声音（语言）记录或复写，而是来源于或继承了结绳和记事符号的传统。"汉字是建立在意义基础上的一种文字，它重视形与义的联系，从字形上常常可以玩味出一定的意义，因而有更多的想象空间，易于打破文字与图像的边界，通过联想形成某种文字与图像的关联。因字构形艺术展现的正是汉字与图像的巧妙融合、阅读与观看的和谐统一。这也为西方拼音文字所不如。"字母是纯粹表语音区别的形式标记，高度形式化的另一个含义就是去实体化，即它与媒体、主体、客体这些实体性要素无关。"（孟华，2014：75）在西方，由于拼音文字与图画早已分道扬镳，成为建立在语音基础上的一种文字，它重视形与音的关系，从字形上可以看出其读音，但体味不出其语义，其文字与图像的关系则呈现出不同的特性。字母符号虽有时也可以用以构形，整个图像由字母而构成，但限于其小字符集等多种文字要素的制约，很难像汉字这样形式多样、运用广泛。且由于其字母的高度形式化，更多的是在字母笔画间或字母间加以图像化的主观生发，重部分而非整体，线性特征明显。

　　因字构形这种文象组合，从本源上看，它跟"A 是 A 也是 B，B 是 B 也是 A"的东方思维方式一脉相通，迥异于西方的"A 就是 A 不是 B，B 就是 B 不是 A"的思维范式，体现了东西方二元执中②与二元对立的世界观差异。在西方，其阅读与观看往往是相互压制的，阅读排斥观看，观看排斥阅读，西方的图画诗即如此，字母符号只是图形实现的某种单纯的物质材料，由此形成观看、凝视大于阅读的效果。对此，甄婷婷（2009：227 - 228）就明确指出："它完全把字母文字当作绘画中的点、线等基本要素来使用，用它们来构成各种栩栩如生的画面。如果不用图画来表现，只用文字写下，这些诗的诗意就残缺不全，甚至根本不成诗。"

2.2　因字构形的构成特质

　　汉语因字构形艺术有着自身的构成特质，其文字与图像的交融是等级制的，书写的

---

① 孟华（2014：64）从符号学的视角指明，汉字是"一个书画相通的类符号现象"。"另外，汉字的笔画历时上脱胎于图画，共时上更易于图像化、美术化。"

② 孟华认为语象"执中"是中国符号学思想的精髓。见孟华《中国符号学思想》，天津外国语大学网刊《"文明互鉴·文明互译"百家谈》2020 年第 15 期。

文字占有主导，支配并左右了图像的构成与理解的方向。在这里，图像所示之形，常常是汉字所表语义、意蕴的一种具象化呈现，通过着意构思、巧妙关联，使之形象可感、相映成趣。此时的汉字甚至可以经过不同角度的变化、旋转，笔画线条化，直接进入体现其所表语义与意蕴的图像的肌体纹理中参与构形，汉字与图像有机结合，让人感到妙不可言。由此可以说，汉语因字构形是字本位的。

细加观察，还可以发现，汉语因字构形往往是由众多的汉字相互关联、组合而成，它是借助汉字之群体集合，巧妙构成某种图像，意内言外，显示出汉字组合的力量。当然，它也可以单个汉字而构成图像——或借助汉字整体加以超常发挥而构成，或在汉字的笔画间加以巧妙生发而成像。也就是说，此时的汉字是被视作众多笔画的集合体，因而被加以调动。可见，汉字具有可分析性。

汉语的字与词具有复杂的非对应关系，有时一个字对应一个词，有时两个或两个以上的字对应一个词，有时是一个字对应数个词。因字构形的汉字，可以为前两者，不存有一个字对应数个词的情形。所以用以构形的汉字集合可以表现为词与词的组合，具有线性词语结构扩展性。

而拼音文字的构形则不同，它是词本位的，无论是借助字母用以构形，还是在字母笔画上或字母间加以图像化的主观生发，其都受词义的支配，是词义的一种外在联想与具现，而不是其他。

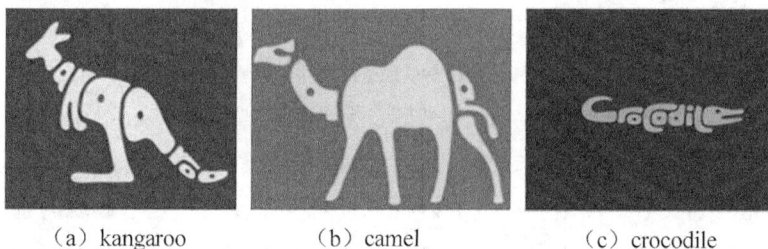

(a) kangaroo (b) camel (c) crocodile

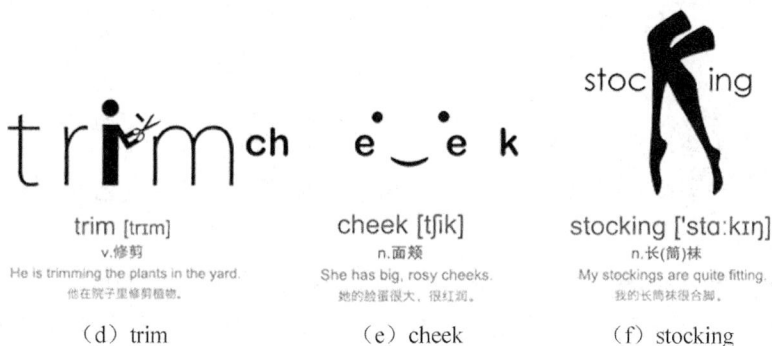

trim [trɪm]
v.修剪
He is trimming the plants in the yard.
他在院子里修剪植物。

(d) trim

cheek [tʃik]
n.面颊
She has big, rosy cheeks.
她的脸蛋很大，很红润。

(e) cheek

stocking ['staːkɪŋ]
n.长(筒)袜
My stockings are quite fitting.
我的长筒袜很合脚。

(f) stocking

图 8

图 8 （a） 至 （c） 分别由词的构成字母 （kangaroo、camel、crocodile） 构成词义 （袋鼠、骆驼、鳄鱼） 所示之意象，可以说是竭尽所能，有时难免牵强；图 8 （d） 至 （f） 是借助词的部分构成字母 （也可适度添加符号或标记） 巧妙生发，由此加强所表词义的形象性，使 trim （修剪）、cheek （面颊）、stocking ［长（筒）袜］ 具体可感。

值得注意的是，拼音文字的构形，它常常限于一个个独立的词本身的变异，而非词的组合，词与词之间一般不发生结构关联，具有非组合的特性，不形成线性词语语流，这也是其区别于汉语因字构形的明显之处。同时，数量有限的拼音字母是各自独立的整体，形体构成简单，可分析性不充足，但适度添加符号或标记，可赋予一定的画面感。

需要指明的是，西方的图画诗可以赐予书写语流的物质组合，表现诗意所体现的某种图像。这涉及文体形式的创新问题，是一个值得研究的议题，成为文本翻译的一个难题。对此，本文不做展开，将另文加以讨论。

3 结语

汉字具有中性符号特征，游走于语言、文字与图像之间。（孟华，2017：98 - 117）汉语因字构形，本质上说，是汉字的书写符号性减弱向图像符号靠近的结果。近些年来，图像符号日渐兴盛，语言、文字与图像的关系问题得到学界的关注。周宪（2005：140 - 148）就曾论述过"读图时代"的图文"战争"问题。当今汉语因字构形的大量运用，从某种意义上说，即"读图时代"的一种体现。

当然，因字构形不可简单随意，它具有自身构成上的理据性，需对所选择的汉字进行精心布局，字与字之间、偏旁与偏旁之间、笔画与笔画之间精心组织、相互照应，奇而有节，奇而有理，既出乎意料之外，又入于情理之中，使文字与图像、阅读与观看浑然天成，由此构成汉语书面语表达的曼妙视觉景观，彰显汉字艺术表现的魅力。

因字构形，必须适度，不可乱用、牵强、泛化，要巧妙、生动、点睛，否则就会流于粗俗，失去其真正的意义。

参考文献

［1］陈望道 . 陈望道语文论集 ［M］. 上海：上海教育出版社，1980.

［2］丰子恺 . 中国画与西洋画 ［C］//丰华瞻，戚志蓉 . 丰子恺论艺术 . 上海：复旦大学出版社，1985.

［3］黄伯荣，廖序东 . 现代汉语 ［M］. 北京：高等教育出版社，2017.

［4］李泽厚 . 新版中国古代思想史论 ［M］. 天津：天津社会科学出版社，2008.

［5］林长华 . 奇特的汉字造型文化 ［J］. 汉字文化，1998 （1）：14.

［6］孟华 . 文字论 ［M］. 济南：山东教育出版社，2008.

［7］孟华 . 试论类文字 ［J］. 符号与传媒，2011 （3）：59 - 72.

[8] 孟华. 汉字主导的文化符号谱系 [M]. 济南：山东教育出版社，2014.

[9] 孟华."中性"——汉字中所隐含的符号学范式 [J]. 符号与传媒，2017（2）：98－117.

[10] 索绪尔. 普通语言学教程 [M]. 北京：商务印书馆，1982.

[11] 王文松. 汉字：汉语修辞的特殊材料 [J]. 修辞学习，1997（2）：7.

[12] 余秋雨. 中国文脉 [M]. 武汉：长江出版传媒，长江文艺出版社，2013.

[13] 甄婷婷. 中西视觉诗的不同图文关系 [C] //孟华. 三重证据法：语言·文字·图像. 长春：吉林大学出版社，2009.

[14] 钟鼎. 日本平安时代对中国书法的"继承"与"变迁" [J]. 中国书法，2015（2）：148.

[15] 周宪."读图时代"的图文"战争" [J]. 文学评论，2005（6）：140－148.

Chinese Character Formation: A Unique Art of Blending Text and Image

Zhong Ding

(Sichuan Fine Arts Institute)

Abstract: The formation of Chinese characters refers to the process of Chinese characters as a component to form a novel and unique figure that I need, thereby improving the visual expression of Chinese written language. The formation of Chinese characters has its own aesthetic presentation methods, mainly including three categories: unique layout and graphic design composed of Chinese characters, ingenious artistic presentation composed of Chinese characters, and novel text module combinations composed of Chinese characters. The formation of Chinese characters is a unique way of expression of written language, which is endowed by the ideographic characteristics of Chinese characters and nurtured by the Chinese culture. It is a unique way of expression in which words and images are skillfully integrated, reading and watching are harmonious and unified. It is beyond the reach of the western phonological system of words. It shows the artistic charm of the expression of Chinese characters, and reflects the literary image relationship and thinking paradigm that are completely different from the West. Here, the integration of text and image is hierarchical and character based, with written text dominating the image and controlling the direction of image composition and understanding.

Keywords：Chinese character formation；Aesthetic presentation；Ethnic cultural motivations；Chinese character characteristics；The relationship between text and image；Thinking Paradigm

基金项目

2022 年度重庆市语言文字科研项目"书法艺术与语言文字规范化问题研究"（编号：yyk22205）。

作者简介

钟鼎，男，1988 年出生，山东青岛人，硕士，四川美术学院中国画与书法艺术学院讲师。已在《中国书法》（CSSCI 来源期刊）、《设计艺术》等美术专业期刊发表论文多篇，出版《汉简》（独立）、《中国历代书法典籍》（编委）等多部学术著作。主要研究方向：书法学，书法符号学，语言与图像。

戏剧性影视公益广告的符号叙事解读
——以中国红十字会系列广告《在你身边》为例

吴 偲 吴 晟

摘 要：影视公益广告是一种以非营利为目的的广告类型，在树立公益品牌形象、传播社会正能量、弘扬精神文明等领域起到关键作用。在新媒体时代，广告被看作是符号，影视公益广告是一种特殊的符号，它具有地域性、文化性、思想性的内在含意。本文以公益广告作品《在你身边》为例，结合影视公益广告作品，借鉴查尔斯·桑德尔·皮尔斯的符号三分构造理论，研究公益广告的内在结构与叙事手法，通过费尔迪南·德·索绪尔的语言学理论与罗兰·巴尔特的能指、所指之间的原理，运用符号学、叙事学、传播学的相关理论，深入探讨公益品牌中国红十字会系列公益广告的符号叙事的类型、策略与效果。首先，本文从戏剧性角度解读符号叙事，它由人物塑造、背景音乐与舞台效果、情节与冲突元素（符号）构成。在戏剧性维度下，本文将影视公益广告的符号叙事类型进行分类，包括人物故事陈述型、视听具象呈现型和情感抽象传播型，即视觉、听觉、感觉的范畴。本文还深入解读当下影视公益广告符号叙事策略，认为平民形象的人物符号与"家文化"叙事背景较深入人心，并通过能指、所指与之间所表达的意指进行案例分析，发现许多影视公益广告都存在"双符号"现象，其中，隐喻中的图像符号与象征符号合理跨域才能更好地诠释价值与意义。那么，具有象征意义的情绪符号能够驱动社会诉求同质化，也是创作者暗藏在作品中的价值意义所在。最后，本文对影视公益广告内容与传播效果进行了二维分析，对公益品牌传播效果的影响因素进行预估。

关键词：戏剧性 影视公益广告 符号 叙事

1 戏剧性影视公益广告的符号

叙事视角可以分为全知视角、内视角与外视角，而全知视角是叙事者常用的"讲事情"的全方位角度。影视公益广告不再是"纯宣传型"的广告模式，"戏剧化"是目前公益广告创作者的主要叙事方式。笔者认为，在全知视角下，戏剧化元素（符号）主要由戏剧人物塑造、"舞台"效果与背景音乐、戏剧情节与冲突构成。

1.1 戏剧人物塑造符号

1.1.1 主要叙事人物符号与创作

影视公益广告中的人物是由演员表演塑造，目前素人演员已渐替代专业演员，这是国内外影视公益广告的发展趋势。一部具有戏剧性的影视公益广告，画面最直白呈现的是人物，而人物可以分为主要叙事人物和次要叙事人物，即我们平常说的主角和配角。在影视公益广告作品中，创作者一般利用第一人称视角或者第三人称视角叙述主角与配角，而第一人称主角则通过与第三者的种种关系叙事。例如，系列广告《在你身边》之《我的妈妈》，受严重打击的小女孩既是主要叙事人物（主角）又是第一人称叙事者，她以自己的故事带动观众的情绪，笔者将所要表达的故事情节，通过一个小女孩写作文与回忆镜头的互切讲述出来。第二种情况，系列广告《在你身边》之《老有所依》，主要叙事人物（主角）是老父亲，笔者利用第三人称视角讲述老父亲的故事，老父亲所经历发生的一系列事情，也是笔者要叙述给观众聆听的故事。央视优秀影视公益广告《心跳篇》，创作者同样以主要叙事者（不会说话的婴儿）第一人称视角讲述公益故事，婴儿狭隘的视角却是它的成功之处，因为只有他才能感觉到妈妈的心跳，而为什么抱着他的是一位男士呢？这就延伸出创作者的意图——妈妈已经把心脏捐给了这位男士。因此，影视公益广告中主要叙事人物的塑造与叙事视角的结合非常关键。

1.1.2 次要叙事人物符号与创作

次要叙事人物即配角，其叙事具有相对的局限性，但创作者是利用主要叙事人物带出次要叙事人物。影视公益广告《我的妈妈》中，"妈妈"是次要叙事人物，是第一人称眼中的"她"，她既是妈妈也是中国红十字会志愿者。《老有所依》中的第一人称老父亲，他眼中的"他（她）"是儿子和儿媳。央视公益广告《妈妈的心跳》，除了婴儿，其他人物都是次要叙事人物。因此，次要叙事人物必不可少，他（她）是创作者意图产生的纽带，也是主要叙事者眼中的主角。在某些影视公益广告中，次要叙事人物与主要叙事人物并重，配角甚至比主角戏份更多，这就取决于创作者对剧情的客观表达意愿。次要叙事人物的视角基本上建立在主要叙事人物之上，两者完美结合才能塑造出优秀的人物形象，完整地讲述广告剧情。

1.2 "舞台"与背景音乐符号

1.2.1 "舞台"效果符号与创作

舞台效果是影视公益广告的戏剧化元素之一，屏幕上的"舞台"即电视画面，画面的场景、颜色、道具以及人物的动作、语言等都属于舞台效果构成。舞台效果集合了美学概念，也是符号的集合展现。

系列广告《在你身边》之一《无言的爱》中，如图1，较具有"舞台"特色的场景是主人公小女孩家里，灯光昏暗的老房子、锅里装着的白粥、掉在地下的馒头和挑着有杂质的米，这些"舞台"效果符号是戏剧人物塑造的"辅助工具"。同样，贴满奖状的墙、爬满墙的电线、爷爷蹒跚的脚步等，这些充满装饰的"舞台效果"符号呈现给观众的信息为：家里很穷、爷爷身体不好、小女孩学习成绩优异。

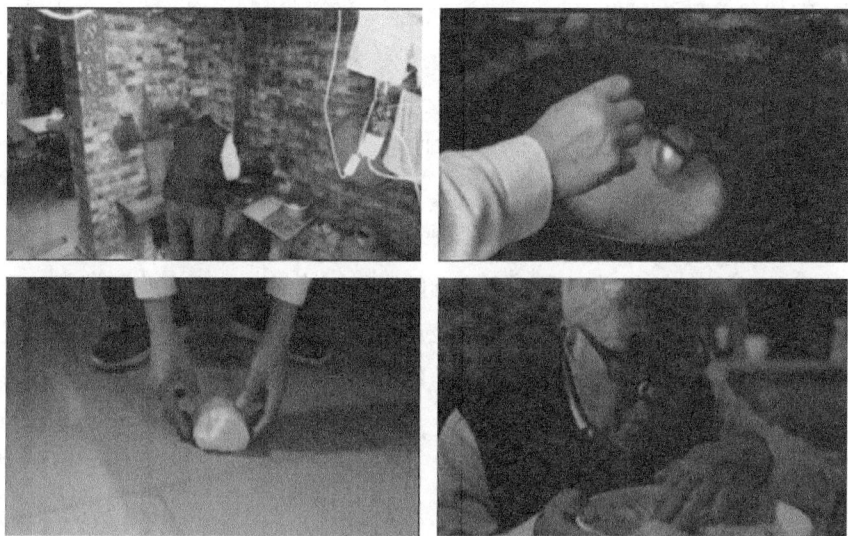

图1 《无言的爱》中老爷爷家的环境描述镜头

其实外景"舞台"也一样，《一路寻亲》的场景主要在室外拍摄，人来人往的集市、街头涌动的小贩、脏乱的天桥底，是剧情中的"现实舞台"符号，老父亲胸口挂着寻子的牌子、跪在集市、不停地发着传单、呆滞地啃着馒头，男主人公一系列动作和表情都与场景非常契合，这是舞台效果对人物塑造的衬托，抛开人物画面，观众也能感受到广告中的故事梗概。因此，注重"舞台"效果的布置，很大程度上能够烘托人物形象。笔者在拍摄广告的前期准备时，对选景非常重视，且花费大量的时间选择适合人物形象与故事环境的场地，很大程度上能够快速调动演员的情绪。

1.2.2 背景音乐符号与创作

如果舞台效果是电视画面，那么背景音乐就是除人物语言之外的电视声音。画面与声音缺一不可，背景音乐是戏剧表演中最常见的一种声音语言符号。微电影式的影视公益广告存在两种情绪状态：喜剧与悲剧。但是，大多数创作者更偏爱运用悲喜交集的风格叙事，最终的大结局总是相对美好的，也是观众期待的。背景音乐则是按照剧情的发展与画面共同讲述故事。系列广告《我的妈妈》的背景音乐共两首，笔者按照人物状态画面，把轻快、励志的背景音乐放在开头，而又随着画面人物回忆的情绪及时转换悲伤、无奈的背景音乐，结尾"妈妈"真实身份公开时，轻快的背景音乐又把观众从悲伤的情绪里带出来。泰国许多成功的影视公益广告，除了素人形象深入民心，背景音乐还起到点睛之笔。所以说，背景音乐的合理运用，很大程度上能调动观众的情绪。

1.3 戏剧情节与冲突符号

1.3.1 戏剧情节符号与创作

戏剧情节是指人物表演构成的一个个场面，每个场面集合成完整故事性的表演内容。公益广告中的叙事情节是由各种符号集合而成，广告中的故事情节是贯穿图像符号与象征符号之间表达的内容，因此，以戏剧情节元素（符号）研究影视公益广告符号具有独特的意义。目前，影视公益广告不再是耳提面命的吆喝式，取而代之的是，素人表演社会公益话题式的广告越来越受观众喜爱。在创作《在你身边》时，笔者大量观看泰国优秀公益广告，效仿学习其中成功的因素。不难发现，具有戏剧情节的影视公益广告，能够更好地进行符号叙事。系列公益广告《无言的爱》，第一场戏交代了爷爷和小女孩的生活环境，用了一个跟随爷爷视角的长镜头说明两个问题：小女孩父母双亡但学习成绩优异；爷爷的眼神突出了对小女孩那种相依为命的爱。可是，这种爱并不被理解。小女孩从嫌弃粮食的态度到愤怒甩身走人，一系列场面构成的情节发展说明小女孩并不理解爷爷的爱。那么，如何打破这种僵局？当然是故事情节继续往好的方向走。所以，笔者在第三场安排小女孩在学校的路上听到别的同学议论爷爷的情节。第四场、第五场小女孩的回忆情节，慢慢将观众带到每天讨粮食的爷爷身上；第三场的过渡情节非常关键，避免前后两场转折过快的突兀。因此，戏剧情节元素（符号）能非常直观地进行戏剧化的影视公益广告符号叙事。

1.3.2 戏剧冲突符号与创作

戏剧化的影视公益广告除了包括完整的故事情节，还包括人物的冲突场面，人物的言语、肢体、动作、行为、突发事件之间发生"碰撞"等，称为情节中的戏剧冲突。好的剧情不乏戏剧冲突，戏剧冲突构成并推动戏剧情节，脱离戏剧冲突的影视剧、广告将导致流水账叙事。

上述影视公益广告《无言的爱》，分析了较核心的戏剧情节。如图2下方两图，第一场戏中的小女孩对爷爷的行为态度，打破了观众视野中"和谐的画面"。小女孩愤怒摔碗、扔馒头、转身拿书包走一系列动作构成了第一场次的戏剧冲突。之后，第二场戏中爷爷到小女孩学校交粮食（米），饭堂收粮食的阿姨与爷爷肢体、动作造成戏剧冲突。如图2上方两图，在第三场过渡场中，女孩的同学对女孩产生了言语冲突，推动了剧情的发展。随之，剧情慢慢走向"和谐"，由于小女孩亲眼看见并深深感受到爷爷的爱，这时公益品牌中国红十字会悄然融入剧情。因此，戏剧冲突能更清楚地体现人物个性，也更能推进剧情的发展，可见，从戏剧冲突元素（符号）研究影视公益广告的符号叙事非常有意义。

图 2 《无言的爱》小女孩与同学们、爷爷发生冲突的镜头

2 戏剧性影视公益广告的符号叙事类型

上述已对戏剧化构成元素做了较全面论述，那么，人物、音乐和舞台、情节与冲突这三大元素，究竟如何划分影视公益广告的符号类型，又如何利用符号叙事呢？著名符号学家皮尔斯认为符号叙事其实是符号转化的过程："'符号过程'是一种活动或一种影响，是一个包含三个主要构件——符号、符号的对象、符号的解释项——的合作过程。而这种三元相互关系式的影响，在任何情况下都不可能被拆分为二元一组的活动过程。"（皮尔斯，2014：34）即符号再现体、符号对象与符号解释项的"三位一体"，不可分割。笔者认为，影视公益广告主要由视觉、听觉、感觉符号构成，其中，视觉与听觉符号通过各种对象进行表征，感觉符号则通过抽象语言或者多层次对象转换表意。

2.1 人物故事陈述型：图像符号通过人物对象进行表征

2.1.1 推进式自述

皮尔斯的符号三分法中，首要的、直观的符号是图像符号，图像符号并不是独立存在，而是通过对象进行表征。对象又可以分为实体对象与抽象对象。影视公益广告中的图像符号若是指人物，那么其所指对象一般是实体对象中的人物对象。第一人称人物按照时空顺序通过自述推进叙事。笔者作品《我的妈妈》中主角明显是小女孩，女孩是最直观的图像符号，以写作文的形式加以内心独白表达对妈妈的爱，而妈妈不仅属于图像符号，也是故事叙述的人物对象，小女孩只有通过妈妈这个固定的核心对象才能对故事进行顺利地陈述。同样道理，作品《无言的爱》中，观众眼中的爷爷与女孩眼中的爷爷开始便有略微不同，创作者试图通过小女孩这个图像符号告诉观众，爷爷是如何默默地付出爱，小女孩的成长故事慢慢从爷爷身上展开。因此，上述广告中的主要人物都以自述型推进叙事，图像符号与所指对象共同构成观众眼中的弱势群体，弱势群体是当今社会备受关注的一个人物符号的总称。

2.1.2 平列式他述

平列式他述与推进式自述的表达方式完全不同，他述是以第三人称视角叙事，具有全知性，因此，其叙事的内容更加宽泛。以央视影视公益广告《我是谁》为例，创作者以第三人称全知视角为观众讲述各行各业基层共产党员敬业事迹，从"我是离开最晚的那一个"到"我是牵挂大家最多的那一个"，共六位先进共产党员。小学老师、环卫工人、外科医生、交警、维修工与村主任，这些不同的图像符号代表了先进的人物符号，而图像符号又是通过各自服务的对象进行表征。即外科医生服务的对象是需要做手术的人，而不是所有人，由于那些需要做手术的病人是找外科医生做手术，而不是其他科室的医生，所以，创作者通过他人视角对外科医生与病人之间发生的故事进行叙事，称为他述。那么，《我是谁》片中，六个行业故事分别对应六个场景，任何一场次单独提炼出来也不影响全程叙事。六个看似单独的行业故事，故事背后却统一为一个人物符号。笔者认为，多个独立存在的同类故事以第三人称视角平行列举的叙事类型叫作平列式他述。

2.1.3 混合式跳述

混合式跳述的叙事类型一般较少在影视公益广告中运用，镜头与叙述的时空跳跃感会加剧观众对作品的理解难度，这不仅包括推进式自述，又包括平列式他述的叙事类型，但视角转换若运用得当，将会呈现出一部较有深度的作品。

笔者作品《一路寻亲》中，老父亲是图像符号，他一路要找的人就是他的儿子冬冬，即老父亲通过冬冬这个人物对象叙事，整个故事情节都离不开老父亲对儿子的思念，渴盼儿子回家之心与寻找儿子的实际行动推动剧情的发展，这是第三人称全知视角进行人物符号叙事。但是，在广告片中，笔者浅尝加入人物的回忆制造矛盾冲突。如图3，老父亲夜晚骑自行车找孩子是一个现实镜头；如图4，紧接下一个镜头插入父亲回忆当年牵着孩子的画面，随着现实与回忆的镜头互切，剧情便顺理成章地把观众的主视角转移到老父亲为何丢失孩子的故事当中，然后慢慢揭开红十字会的神秘面纱，回忆中老父亲的第一人称视角叙事最终又回到第三人称全知视角叙事。片中除了老父亲与孩子是具有相互意义的人物符号外，还延伸出中国红十字会指示符号，也称视觉符号，中国红十字会志愿者们的出现预示弱势群体受到一定程度的关注与关爱，这种"双符号"的并列延伸，可以用符号学中的隐喻作解释，下文将进一步论述。

图3 《一路寻亲》现实镜头

图4 《一路寻亲》回忆镜头

2.2 视听具象呈现型：指索符号通过实体对象进行表征

2.2.1 画面视觉指索

除了直观的人物图像符号，具有标志性、预示性的符号类型称为指索符号。指索符号分为画面视觉指索与声音听觉指索，观众对各种符号的接受就是通过人的视觉与听觉的感官刺激，从画面上获取符号信息的过程。原创系列广告《在你身边》中的指索符号有很多，例如中国红十字会的招牌标识、小女孩手中的徽章、开场与转场的提示说明字幕、医院名称等，指索符号能起到指引、解释、说明片中时间与场景的变化，还能表明人物符号的叙事方向。

如图5，《老有所依》广告片中老人抬头看挂在墙上的摆钟后打电话，是因为时间不早了，而且这时的摆钟突然停止走动。摆钟作为指索符号，表达了老人的寂寞与等待，也可以称为连接老人与儿子、儿媳之间的介质，观众通过画面中的视觉指索符号，把老人与其电话对象联系起来，从中对图像符号与指索符号作出解释。不难看出，《我的妈妈》中，小女孩手中紧紧抓住的徽章，是小女孩与红十字会志愿者之间的桥梁。影视公益广告有许多视觉冲击感较强的案例，央视公益广告《每一个人都是一道亮丽的风景线》，没有完整人物的故事情节叙事，但是，由第一人称视角的人物符号与其接触的人物对象之间发生一定关系，主要通过各种熟悉的视觉指索符号进行表征，呈现最

图5 《老有所依》中老人看摆钟的镜头

终的公益命题之深刻意义。显而易见，片中的垃圾桶、"禁止拍照"指示牌、排队护栏都是视觉指索符号，它们不是单独存在的个体，是人与人之间约定俗成的指示性符号，这些符号能表达创作者的立意——文明。因此，笔者在创作过程中，把画面指索符号看作一种"信物"，而这种"信物"始终立足于片中。

2.2.2 声音听觉指索

听觉指索符号的概念较模糊，笔者试图从影视公益广告中的声音元素加以分析。人物对白、解说词、画外音、音响声、背景音乐、背景音效与现场自然音，是构成电视广告声音语言的元素。一般来说，平列式叙事类的影视公益广告听觉感官符号以解说词、画外音以及背景音乐为主。《我是谁》公益广告中的男解说，是整个广告声音语言结构的主体，没有解说的画面会增加观众对信息的理解难度。创作者把"我是谁，是什么样的人，也许你从来没有想过"一句放开头，解说词与三个空镜声画对立，所以，听觉指索符号比较明显，观众按照解说的进度继续了解"我究竟是谁"。笔者另一个原创公益广告《生命之源》，利用带逻辑关系的平列式叙事，全程激昂、急促的背景音乐与声效符号配合视觉指索符号共同表征。《生命之源》全片表达水污染与节约用水的问题，带有非常强烈的节奏感，背景音乐踩着视觉符号的点剪辑，起到一定的警戒的作用，警示观众应该节约用水、珍惜水资源。

综上所述，影视广告特别是影视公益广告的视听指索符号，其实是人与对象之间的介质，视觉指索符号与听觉指索符号共同通过人物对象进行表征，这是戏剧性影视公益广告的第二类符号叙事类型。

2.3 感情抽象传播型：象征符号通过所指的语言画面进行表意

2.3.1 积极的情感象征

皮尔斯的符号三分构造中的解释项，其实就是最终的符号解释。在符号学中，任何符号都能用能指与所指解释，而能指与所指之间产生的意指可以用象征符号解释，特别在非营利的影视公益广告中，能指具有多个所指，画面产生的意指都是各种抽象的情感所在，这种情感与现实意义紧密相连，因此，象征符号油然而生。

笔者作品《在你身边》之《我的妈妈》，是最典型的一条情感积极向上、释放正能量的广告。主人公小女孩写作文表达对妈妈的爱。如图6特写手中作为"信物"的徽章除了是视觉指索符号，还是贯穿全片的二重象征意义符号。片中徽章象征"妈妈"，即对她关爱的人。那么，徽章的第二重象征意义是中国红十字会关爱弱势群体，因为手中的徽章并不是一件普通商品，而是"妈妈的爱"，符号在片中进行了一次意义升华。"符号的'换挡加速'、简单说就是符号表意由表层向深层升华的过程。"（韩文举，2015：11）

图6 《我的妈妈》中小女孩手部徽章特写

2.3.2 消极的情绪象征

心理学中，感情可以分为情感与情绪。上述关于情感一词，是久而沉淀出的心理反应；相反，情绪是在特定场景中瞬息短暂的感情反应。在人物故事的叙述当中，符号通常象征人物情绪。

原创系列广告《老有所依》，全片叙述空巢老人盼望儿子儿媳冬至回家吃饭的故事，画面中呈现的各种符号都能体现寂寞的基调。墙上的钟摆不停地摆动，钟摆作为象征符号，象征着无奈与孤寂，老人通过钟摆透露内心深处的消极情绪（如图5）。《一路寻亲》中的老父亲跪地寻子（如图7），这组消极情绪特写镜头鲜明地表达了广告片前半部分的情绪基调，此类象征符号并不是实体存在的对象，而是通过画面语言所产生出的抽象情感。每天重复着派传单、跪地寻子、睡天桥，这一系列的符号象征着老父亲寻子的决心。从内心独白中可以知道，患有阿尔茨海默病的老父亲找儿子已经十年了，照片中的儿子已是十年前，时间越长，寻子成功率越小，时有无奈的消极情绪产生。同样，《无言的爱》中，墙上挂的黑白照片、被孙女扔地的馒头和有杂质的大米，象征家庭贫困户需要被更多的人理解与帮助。而创作者要表达的二重象征意义是红十字会关爱弱势群体。

图7 《一路寻亲》中的老父亲跪地寻子特写镜头

3 戏剧性影视公益广告的符号叙事策略

3.1 平民符号为核心传达的"家文化"理念展现

3.1.1 塑造"弱化"的平民形象

　　近年来，泰国公益广告深入人心，得益于其本土的平民文化，成功的作品中总是存在一群需要被社会关怀的人。央视优秀公益广告中，也不乏平民的身影，他们都是弱势群体，值得更多人关注、关爱。不难发现，所有优秀的人物叙事公益广告，都离不开平民符号为核心人物的叙事画面。画面中的平民形象，往往是以衣着简陋、生活窘困甚至毫无经济来源的低下层人物；或者以并不富裕的工薪阶层、下岗工人、躯体残疾甚至病重病危的人物为代表叙事。一般来说，老人、小孩（婴儿）与女人（孕妇）是当今社会公认的"弱势"群体，并不是真正意义上的柔弱，而是相对于中间年龄段与男性群体而言显得弱。那么，我们应该把这些平民形象"弱化"，每个"弱者"都有属于自己的故事，可以说公众对于屏幕上的平民符号几乎毫无抵抗力，深入人心的平民故事很容易把观众"说服"。

　　泰国公益广告《百善孝为先》讲述了一位患阿尔茨海默病的母亲和她的儿子的故事，母亲作为"弱化"的平民符号原本值得大家同情，儿子不愿他人代劳照顾自己的母亲，而是每天把母亲带在身边尽孝，使得全片更好地传播正能量。图 8 为片头设置的悬念，老人在教室后排熟睡，孩子疑惑地转头看，平民符号始终贯穿全片。

图 8　《百善孝为先》中患有阿尔茨海默病的母亲在教室睡着的镜头

　　笔者原创系列影视公益广告《在你身边》分别以空巢老人、贫困户的爷爷与孙女、患孤独症的小女孩与寻子的老父亲的平民符号作为核心人物，弥补了目前公益广告对人物形象的塑造问题，"弱化"平民形象更适合符号叙事、符号传播。

3.1.2 "家文化"的符号叙事策略

上述"弱化"的平民符号，基本上以家庭为单位讲述人物故事。不管在国内还是国外，公益广告已形成"家文化"的理念，而"家文化"中体现的各种元素因人而异。但是，在我国，公益广告中的"家文化"符号实质上代表了中国文化符号。"央视公益广告对于'成员''居所''规范''情感''伦理'等'家'文化元素的使用，仅是央视在实践活动中所体现出的创作规律。"（吴来安，2018：148）公益广告中体现的这些中国文化符号就是"家文化"符号的叙事规律。在央视优秀作品《筷子篇》与《心跳篇》中，创作者通过"弱化"的人物符号与家庭成员，把象征符号——筷子与心跳，上升到"家文化"元素的表达。如图9，筷子是中国特有的餐具，中国人讲究团圆，启迪、传承、明礼，透过筷子形成了其本身的意指——"家文化"的叙事主线，图中六个镜头为每个地方的家庭人员团聚在一起吃饭，特别是中国人在逢年过节一定要与亲人团聚，这是中国特有的"家文化"。而心跳作为含蓄的象征符号，以家庭成员为背景，凸显妈妈的"心跳"最为深刻。最后，创作者将意指上升到另一个高度，鼓励人们改变对器官捐赠的旧有观念。央视公益广告在实践中探索的创作规律，是我国"家文化"叙事风格代表。原创作品《在你身边》中，不乏"家文化"叙事背景，"成员""居所""耐心""理解""团圆""感恩"等"家"文化元素，是笔者在实践创作中发现的叙事规律。"因此，在我国公益广告中适当地使用中国文化符号，是顺应历史潮流的必然选择。"（何竞平，2018：34）

图9 《筷子篇》团圆吃饭的镜头

3.2 隐喻中"双符号"的合理嵌套

"隐喻是一种像似程度较低的亚像似符，它通过自身的特征实现符号体与对象的关联，即通过与该事物具有类比关系的另一事物来揭示该事物的再现特征。"（刘涛，2019：12）隐喻是比喻的一种修辞手法，在广告特别是影视公益广告的符号叙事中，视觉隐喻是构成视觉修辞的结构之一。图像符号是最直观、最具像似性的人物或事物的再现体，然而，象征符号要通过图像符号与其他符号的相互跨域运动产生，因此，象征符号被视为"亚像似符"，从而视觉隐喻应运而生。图像符号与象征符号并称为"双符号"，即"像似符"与"亚像似符"合理转化、完美融合才能对视觉隐喻做出合理解释。下面以影视公益广告《我的妈妈》作为主要案例分析符号叙事的转化过程与意义。

3.2.1 图像符号的同域转化：从能指、所指到第一阶意指

能指是一种中介物，它必须有一种质料。（巴尔特，2008：33）所指不是"一件事物"，而是该"事物"的心理表象。（巴尔特，2008：29）如下图 10，小女孩作为图像符号，具有与现实生活真实人物一定的相似性，她是一种"中介物"，即小女孩是能指。自我封闭、不爱说话、害怕陌生人与重复做一个动作都是小女孩身上发生的行为特征，即这些特征是小女孩的"心理表象"，因此是所指。意指作用可以被看成一个过程，它是一种把能指和所指结成一体的行为。（巴尔特，2008：34）意指不能脱离能指与所指而存在，意指是能指与所指符号运动过程中产生的象征意义。由于小女孩身上具有一定的行为特征，小女孩才需要被人们特别关爱，而不是一个正常的小女孩，能得到社会的特殊对待与同情。因此，第一阶意指在能指与所指之间产生，整个图像符号运动的过程称为符号的同域转化，因为精神受打击的小女孩需要社会更多的关爱，这是同一层面的平行叙述层。当然，图 10 中带方框的能指与所指能被同类替换，同一类型领域中，能指替换成小男孩、老奶奶、任何成年人都符合，所指替换成腿脚不便、多动症、任何心理疾病亦可。同领域的符号平行转化表意可以不变，因为都能表达出某种个体需要被关爱。

	能指（内容）	所指（形式）	所指的解决办法	意指（第一阶）
文本表达	心灵受重创的小女孩	不停地拉伸窗帘 放学扶着墙低头走 躲在教室讲台底	"妈妈"陪小女孩做作业 "妈妈"放学接小女孩回家 "妈妈"在涂抹小女孩的手	小女孩需要被妈妈关心
镜头表达				

	能指（内容）	所指（形式）	所指的解决办法	意指（第一阶）
镜头表达		 		

图10　《我的妈妈》中能指、所指以及解决办法、第一阶意指的文本与镜头表达

笔者通过图11，对能指与所指做出文本与镜头的全面分析，小女孩所表现出的是非正常的孩子，目光呆滞、害怕与人交流、重复做同一个动作，可以说患孤独症的孩子内心非常脆弱。那么，除了能指与所指之间符号描述，笔者在作品中融入了所指的解决办法，所指中出现的小女孩的"不和谐"镜头，应该通过增加"妈妈"对她的关心、关怀来弥补情节中的尴尬。作品中插入对比孤独症的症状与如何应对孤独症症状的镜头，有效地衔接、解释意指。例如，《一路寻亲》中，腿脚不好、流浪街头、阿尔茨海默病与寻找儿子的老父亲；《无言的爱》中，年岁已高、生活困难、作为家庭支柱的老爷爷；《老有所依》中，盼子回家、"空巢老人"、腿脚不灵的老爷爷，他们同样需要被社会关爱与救助。

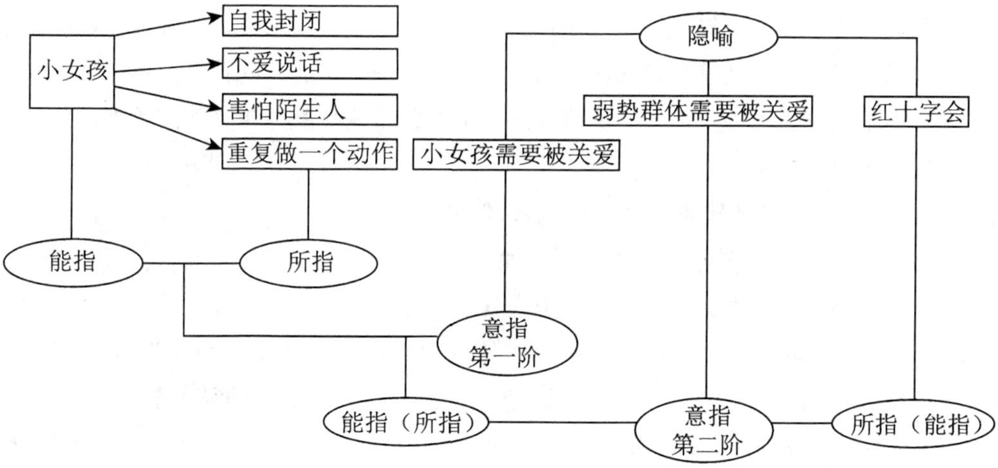

图11　影视公益广告《我的妈妈》能指、所指与意指关系解析

3.2.2　象征符号的跨域解释：第一阶意指过渡到第二阶意指

皮尔斯的符号三分构造中，象征符号是一种具有解释功能的符号。上述图像符号的运动析出第一阶意指的过程，是符号同域转化的层面，这时，整个第一阶符号转化过程

组合成二阶能指，第二阶意指又通过二阶所指表达出来。第一阶意指上升为第二阶意指，就是视觉隐喻的叙事方式，此时，象征符号既是能指又是所指，与二阶能指和所指既是关系项又是对应值。如图10，小女孩仅能代表个体，被替换的对象也是个体，当个体小女孩升华为整个弱势群体时，象征符号红十字会才有意义，红十字会是对图像再现体的解释，这个过程可以称为符号的跨域解释。影视公益广告的视觉隐喻叙事层面，最能表达出创作者的创作意图，当然，具有解释意义的符号也能被同向替换。"符号意义具有二元性，处于二元结构中的同向意义值往往可以互相替换"（梁建飞，2017：110）。例如，"关爱"与"关注"、"美丽"与"魅力"属于同向意义值，可以相互替换；相反，"嫌弃"与"唾弃"、"丑陋"与"矮小"同属于同向意义值，也可以相互替换。但是，异向意义值的符号则不能互相替代，因为完全脱离了符号本身所表达的价值意义。笔者认为，隐喻中"双符号"的合理嵌套十分关键，图像符号与象征符号的"相互作用"才能更好地解释其中准确意义。广告《我的妈妈》中，图像符号小女孩通过写作文表达自己对妈妈的爱，其自始至终都紧抓着一件"事物"，直到片尾才揭晓原来是徽章，笔者无形当中把徽章的价值上升到了另一个程度。象征符号徽章既代表红十字会，又代表"妈妈"的爱，笔者想传递的思想就是弱势群体需要被关爱，因为徽章的"隐形价值"始终贯穿于全片，这是符号的另一种叙事策略。

3.3 情感符号指向受众认知

情感传播符号是象征符号的一种。在影视公益广告中，情感传播符号能正确地表达故事的寓意，通常这种情感是积极向上的，属于富有释放正能量的符号。情感符号实质上是社会诉求的画面审美再现，其诉诸受众对情感的普遍接受并将具有规约性的行为投入社会生活中。

3.3.1 正确认识情感"审美"：符号情感价值的建构

情感"审美"是一种社会认知行为，受众很容易区分"审美"与"审丑"现象。例如，学雷锋做好事、助人为乐等行为都是社会上倡导的美德，因此，美德构成的大众"审美观"早已约定俗成，影视公益广告中的画面体现出的情感"审美"是积极向上的，也是社会存在的正确价值观。相反，对"审美"有着偏差的认知行为称为"审丑"，通常影视公益广告中的"审丑"只是暂时的，它们通过符号的同域与跨域转化，对比喻对象进行隐喻表达。"比喻像似与象征符号的对应关系非常明白——几乎所有比喻像似的图像都可以理解为一个'象征符号'。"（胡易容，2012：148）只有正确认识了情感"审美"原则，最终的象征符号意义才能被正确地解释。国内外优秀的影视公益广告中，不乏煽情类情感基调叙事，这些作品通常以"家文化"为背景，讲述人与人之间的情感故事。央视作品《我是谁》讲述基层共产党员坚守岗位、为人民服务的故事；《筷子篇》中的象征符号筷子，寓意团圆，不管逢年过节还是平时吃饭，能坐到一起就是幸福团圆；《心跳篇》以婴儿视角描述妈妈的心跳，只有熟悉的心跳声才能让他笑，可是抱他的人不是妈妈，隐喻中说明妈妈的心脏已移植到另一个人身上，呼吁社会大众正确认识与看待器官捐赠。笔者作品《在你身边》，系列主题不脱离弱势群体，孤独症的孩子、空巢老人、贫困家庭与孤独寻子的老人在社会上不乏其人，社会大众应该及时意识到社会存在的现象，电视屏幕中刻画的人物形象比喻更多的弱势群体，观众应该意识到这是一种公益情感传播手法。因此，公益品牌红十字会与所发生的故事，能够一定程度上加速受众对图像符号的认识，树立人们正确的"审美"观，象征符号所表达的"大爱"才能被观众正确理解和接受。

3.3.2 社会诉求趋于同质化：公益品牌与社会现象的结合

上述部分分析了受众对影视公益广告的正确情感"审美"，即受众对画面意指的接受行为。用传播学的观点来说，从象征符号到受众的过程称为受众的接受范畴，再从受众到社会的过程称为受众的反馈行为，整个互动过程产生了一定的效果。公益广告是非营利性质的广告，不具有商业广告强烈的产品功利性，公益广告特别是影视公益广告的最终目的是彰显某种社会现象与主张某种价值。因此，"广而告之的不再是产品的功能，而是某种价值主张，是在物—实用表意符号—艺术表现符号之间建立的规约关系。"（饶广祥，2014：221）影视公益广告的符号之间建立的规约关系，与受众的接受程度有密切关联，甚至起着引导、指向的作用，这时，广告符号与社会诉求契合的同时，受众将潜意识或者有意识地回馈社会，这是公益广告—受众—社会之间的互为循环过程，公益广告与社会渐趋于同质化。笔者的四条系列影视公益广告，主题鲜明，故事情节与社会热点问题相关。正常情况下儿童与老人是社会上较弱势的群体，而"弱者"儿童与老人则是"弱中之弱"群体。一般来说，儿童的身心健康成长是长辈们的期盼，老人家的安享晚年是年轻一辈人的愿望，可是，社会上还存在太多不尽如人意的现象。《在你身边》公益广告故事中，父母双亡的小女孩患有严重心理问题，空巢老人无人看管，没有经济来源的爷孙俩相依为命，老父亲流浪寻找十多年前被拐的孩子，上述四类社会现象并不陌生，也是全社会共同关注的热点话题。"要想有符号（或经济学中的'价值'）存在，一方面要能交换不同类的事物（劳动与工资，能指与所指），另一方面要能比较同类的事物。"（巴尔特，1999：47）

公益广告的符号叙事具有象征性，红十字会本身具有不可估量的价值。系列广告《在你身边》所反映的社会问题可以由象征符号红十字会解决，儿童心理健康、养老、助学与寻亲是红十字会业务范围。当然，受众正确地接受情感"审美"后，会潜意识或有意识地去帮助那些需要帮助的人，这就是符号隐藏的价值。

4 戏剧性影视公益广告的符号叙事效果的二维分析

4.1 影视公益广告内容效果分析

4.1.1 内容定位的准确度分析

公益广告是非营利性质的广告，具有普遍性、社会性。与商业广告不同，公益广告没有精准的客户定位，没有固定的区域传播范围，更加没有高额广告播放费用的投入，但是，影视公益广告有准确的内容定位。影视公益广告是全方位地服务大众，适合各个年龄层次的受众观看。因此，影视公益广告的主题必须符合社会精神文明建设的发展，顺应社会基本诉求，为我国经济建设提供软服务。我国已经步入新时代中国特色社会主义，在深化改革开放的道路上将会遇到很多困难与挑战，像节约用水、贫困孩子的教育、寻亲社团建设、老人养老、器官捐献等问题，都是近年来老百姓关注的话题。社会公益建设需要政府与百姓共同联合组建，传播公益思想不受年龄、地域、性别、职业的限制，公益广告中的符号叙事效果具有普遍性、全局性。例如，系列广告《在你身边》，人物故事的叙事离不开广泛的诉求对象，片中有心理问题的小女孩、独守空房的老人、寻子寻了十几年的老父亲、无经济来源却一手带大孙女的老爷爷，他们都是全社会关注的群体，而且准确的热点内容能打破传播者与接收者之间的视觉语言"沟通障碍"。目前，媒介的发展为公益提供了更多援助平台，公益 App 注册人数不计其数。可以说，公益品牌的力量与受众公益意识已达到全民公益阶段。

4.1.2 内容价值的多维分析

虽说公益具有普遍性、全民参与性，但是，公益主题呈多元化，同一个公益主题可以有多种表达方式。在社会的每个发展阶段中，公益广告代表不同的社会感性与理性诉求，它以细雨润物的形式滋养着公众的心田，潜移默化地影响着人类的进步和社会的变革（张靖，2018：502），这就是公益品牌的价值所在。

4.1.2.1 实现个人价值的飞跃

个人价值，相对于社会价值而言，是实现社会价值的前提。非营利性的公益广告服务于大众，其诉求对象非常广泛，是向社会传播正能量的信息服务方式。因此，公益广告的传播与说服功能很容易在社会上引起共鸣。影视公益广告中刻画的人物形象，基本上是以"弱势群体"为主，而现实中确实也存在一批需要帮助的人。系列广告《在你身边》中的公益品牌红十字会是社会救助团体，片中的公益品牌是通过故事情节和红十字会志愿者表达出品牌的优势。从而，观众悟出广告片中的隐喻含义，同时也接受了"助弱"的扶持方式，并跟随广告的说服思维成功接受广告所传播的正能量信息，投身于社会实践中，实现个人的价值。例如，影视公益广告《无言的爱》，讲述一个小女孩父母双亡，与没有经济来源的爷爷相依为命的故事。煽情类的广告更容易打动人心，观众会认为在自己经济情况允许的条件下，或多或少地帮助他人的同时，也实现了自我价值。另外，《老有所依》表达出的一个概念为常回家看看。每个人都有自己的家庭，工作闲暇的时候不妨多陪陪自己的家人，这类型"尽孝"公益广告片的优秀作品也很多，广告叙事的感人效果也是实现个人价值的助推器。

4.1.2.2 促进社会意识能动性，实现社会价值

个人价值与社会价值是辩证统一的，上述个人价值的实现是实现社会价值的前提条件。影视公益广告对受众起到引导、说服作用，从而愿意接受广告内容与意指的群体，在为社会作出个人贡献的同时，这种社会意识具有能动性，推动了社会的发展，最终公益广告的内在价值实现了社会价值。公益广告的诉求对象非常宽泛，公益主题多数刷新了社会主流价值，文明、陪伴、敬业、捐赠、诚信等社会意识是不断创新的公益话题。央视影视公益广告《我是谁》是庆祝中国共产党建党95周年的"敬业"主题，六类基层职业的共产党员分别在自己的岗位上默默耕耘，不仅形象地体现了画面"审美感"，还展现了"党性美"。身为基层共产党员起到带头表率作用，在现实生活中，他们的敬业创造了社会价值。同样，公益广告《在你身边》中，塑造的人物形象为"需要被帮助"，红十字会品牌打着"自愿帮助"的理想旗帜，与现实生活中的弱势群体形成"情感帮助"，最终，"行动互助"才是广告播出的收益效果与社会价值。

4.2 影视公益广告的传播效果分析

影视公益广告本身具有无法估量的巨大价值，但是，公益品牌或者公益话题的传播效果受多方面因素的影响。在新时代的全媒体社会中，公益广告的传播模式与渠道比传统公益广告的强制宣传效果显著，人们可以随时通过互联网、手机、户外视频等参与公益主题互动。有学者认为，广告效果评估指标可分为五个基本层级：到达、认知、态度、行动、关联。（朱磊、曹琳爽，2018：28）以下笔者将从官方、个体、社会群体效果的影响因素分类研究。

4.2.1 官方传播渠道的执行度：认识、记忆

传统广告的传播方式逐渐被新媒体格局取代，公益广告特别是影视公益广告不再是政府官方强制宣传的内容。取而代之，官方广告变得灵活有趣，传播渠道多元化。央视黄金档插播的公益广告内容充实、主流价值高、话题性强，不再是毫无生机的"硬广"，除了各大电视台插播公益广告，互联网、手机App、品牌网络视频都已上传众多优秀公益广告，观众可以随时随地搜索关键词免费观看。这说明，随着时代的变迁，媒体依靠技术发展到了一定程度，官方对公益品牌与公益话题的播放执行度不断增加，观众的接受度明显上升，不再排斥观看影视公益广告。

首先，人们深刻认识到公益广告的内在价值，再选择性记忆与自身较吻合的公益话题，从而实现由认识到记忆的过渡阶段，是公益广告产生的初级效果。"从信息论的观

点看，记忆就是一种信息输入、编码、储存和提取的过程。"（江波，2010：88）受众的认识、记忆，是公益广告符号传播效果的关键。央视诚信影视公益广告《早餐店篇》，叙述了早餐店主因家中老人摔倒，立牌表示早餐自取后匆匆离开，直至夜晚归来发现卖早餐的收入比以前还多。诚信是社会主义核心价值观之一，创作者的视角独特，没有选择用商家的诚信视角讲述人物故事，而是利用消费者的诚信交易展现"人性美"。官方对这类型的公益话题加强播出与推送，观众通过视频认识到诚信的内在价值，同时便把诚信深刻记忆在脑海里，在现实生活中，将会有更多的人注重"诚信美"。同样，笔者作品《老有所依》中，人们将广告中的人物符号替换成现实生活中的真实人物，认识到工作再繁忙也要记得抽空回家多陪陪家人。

4.2.2　个体行为的深度互动性：评价、分享

上述谈及官方对于公益广告的执行力度增强的问题，以下将从受众的个体互动行为分析符号叙事效果。在全媒体时代中，受众由单个个体组成，每人都拥有手机、计算机互联网技术更是发展得如火如荼，人们喜欢用手机、计算机、阅读器等网络通信设备无地域限制地上网，App 的使用无处不在，网络用户不仅能够搜索、观看电视与网络的公益广告，还能对喜爱的广告内容进行收藏、评价与分享。用户对新闻、影视、广告、图片、帖子等进行内容回复的过程称为个体互动行为，这是融媒体的传播效果。比如，用户在百度、优酷视频、腾讯新闻中搜索关键字"公益广告"，搜索结果成千上万条，App 客户端把点击量最多的广告置顶推送，或者按照浏览量多少的次序排序安排版面。因此，用户可以选择自己感兴趣的广告话题或是有目的性地寻找目标内容点击播放。停止观看后，进入评论区可以充分发表个人意见，留言评论，甚至采取更高层次的互动行为——分享链接。优秀公益广告《我是谁》已在各大新闻、视频平台推优，点击、播放量数以亿计，评论区更是满满的好评，大家都为我国"党性美"欢呼点赞。除了官方作品，许多个人优秀公益广告作品也被用户上传与分享，每年如期举行的命题竞赛"大广赛"则为大学生的创作提供展示平台，公益广告视频类获奖作品已被网友多次评论与分享。由此可见，个体用户与媒体平台深度互动，从评论到分享的行为过程是广告效果的中级阶段。

4.2.3　社会群体的"知行合一"：实践、关联

公益广告效果影响因素的形成是社会群体的认知与实践的统一。通过上述官方的执行力宣传与个体行为的相互传播影响，整个社会群体的"共同认知与实践"才是公益广告的最终影响效果，即称为社会群体的"知行合一"，其包括社会群体的反馈实践与第三方的关联。央视公益广告《心跳篇》中，官方对器官捐赠的播出具有一定宣传力度，随之部分观众已加入中国人体器官捐赠自愿登记的行列，这公益广告背后的影响还涉及广告制作公司、广告播出渠道、广告投资者、公益实施机构以及公益相关审批部门，我们可以称为实践后公益广告的"关联效果"。同样，笔者的原创公益广告《在你身边》，若要播出产生一定的公益效果，就要通过中国红十字会部门的审批、投放渠道

与播出平台的定位，广告的效果影响因素还与第三方机构有关联。社会群体是整个目标受众的群体，他们从认知到实践是"知行合一"的整合效果过程，因此，效果的好坏与公益广告的制作方、出品方有很大的关联。同时，群体行为认知与社会统一实践是公益品牌长存的最终目的，是公益话题的长远目标。

5 结语

广告不再是强制性单向传播的内容，而是具有全民互动性的符号意义过程。广告符号通过符号的运动被受众认识、理解后，符号才产生解释意义，"无论是理解还是解释，都是'用另一套符号代替眼前的符号'的过程"（赵毅衡，2017：204）。广告，特别是影视公益广告，具有人物故事情节的作品更加受观众的喜爱。目前，国内外的影视公益广告发展趋势更偏向戏剧化的符号叙事。影视公益广告的符号由图像符号、指索符号和象征符号构成。图像符号是最直接的人物形象；指索符号是情绪煽动、情节推进的指明灯；象征符号就是解释符号，是广告中价值意义的深刻体现。泰国感人公益广告已发展成熟，我国应借鉴其广告叙事策略，才能制作出更具优势的作品。"家文化"中的平民文化展现是影视公益广告中的制胜点，受众更倾向于观看质朴民风的广告片，而相应的"弱势群体"诉求更能引起社会共鸣。公益品牌的植入应与广告片中的故事情节相契，特别是图像符号与象征符号在隐喻中的跨域表达应完美融合。任何符号都可以用能指与所指解释，意指是通过能指与所指的运动过程而产生的，意指是象征符号的解释意义。当然，公益广告片中善用情感符号，更能打动观众，更能促进受众的社会反馈。笔者对原创系列作品《在你身边》做了大量符号叙事分析，对国内外优秀影视公益广告做了实证探讨，发现公益广告本身具有巨大的价值内涵与效果测量意义。但是，影视公益广告的符号叙事效果受官方宣传执行度、个体行为互动与社会群体的"知行合一"等因素影响，官方在主要平台进行公益广告推送，从而用户对公益品牌或公益话题深刻认知后，会进行收藏、评论、分享的互动行为，最后，社会群体从对弱势群体的关注到给予帮助，是公益广告的最终目的，也是创建文明、和谐社会的必要前提。

参考文献

［1］巴尔特. 符号学原理 ［M］. 王东亮，译. 北京：生活·读书·新知三联书店，1999.

［2］巴尔特. 符号学原理 ［M］. 李幼蒸，译. 北京：中国人民大学出版社，2008.

［3］韩文举. 华与华电视广告符号叙事研究 ［D］. 石家庄：河北师范大学，2015.

［4］何竞平. 传播中国文化符号 坚定中华文化自信——中国文化符号在公益广告中的使用状况及思考 ［J］. 文化与传播，2018（3）：29–35.

［5］胡易容. 论图像的符号性——驳米切尔图像转向论的"后符号学"命题 ［J］. 社

会科学战线, 2012（10）: 146 – 151.

[6] 江波. 广告与消费心理学 [M]. 广州: 暨南大学出版社, 2010.

[7] 梁建飞. 广告视觉隐喻的符号意义生成机制 [J]. 包装工程, 2017（10）: 109 – 111.

[8] 刘涛. 亚像似符、符号运动与皮尔斯的视觉隐喻机制 [J]. 教育传媒研究, 2019
（1）: 11 – 13.

[9] 皮尔斯. 皮尔斯: 论符号学 [M]. 赵星植, 译. 成都: 四川大学出版社, 2014.

[10] 饶广祥. 广告符号学 [M]. 成都: 四川大学出版社, 2014.

[11] 吴来安. 融入"家"文化: 央视公益广告的文化传播符号分析 [J]. 新闻大学,
2018（2）: 138 – 148, 155.

[12] 张靖. 为情所动——公益广告的情感诉求及社会价值研究 [C] //中共沈阳市委,
沈阳市人民政府, 亚太材料科学院. 第十五届沈阳科学学术年会论文集（经管社
科）. 沈阳: 沈阳市科学技术协会, 2018: 502.

[13] 赵毅衡. 哲学符号学: 意义世界的形成 [M]. 成都: 四川大学出版社, 2017.

[14] 朱磊, 曹琳爽. 跨场景公益广告效果评估指标体系构建研究 [J]. 南方电视学刊,
2018（1）: 28.

Symbol Narrative Interpretation of Dramatic Film and Television Public Service Advertisement
—Take the series of public service advertisements of China Red Cross *By your side* as an example

Wu cai[1]   Wu sheng[2]

([1]Guangdong Finance & Trade Vocational College;

[2]South China Business College Guangdong University of Foreign Studies)

Abstract: Film and television public service advertisement is a non-profit advertising type, which plays a key role in the establishment of public service brand image, the dissemination of social positive energy, the promotion of spiritual civilization and so on. In the new media era, advertising is regarded as a symbol, film and television public service advertisement is a kind of special symbol. It has the inherent meaning of regional, cultural and ideological. This article takes graduation design public service advertisement work *By your side* as an example, combines the film and television public service advertisement work, draws lessons from Charles Sanders

Peirce's three-part construction theory of symbols, and studies the internal structure and narrative technique of public service advertisement. Through Ferdinand de saussure's linguistic theory and Roland Barthes's signifier, the principle of signifying, applying the relevant theories of semiotics, narratology and communication. And the author deeply discusses the types, strategies and effects of symbolic narrative of the series of public service advertisements of China Red Cross, a public welfare brand. First of all, this paper solves the narrative of reading symbols from drama, which is composed of characters, background music and stage effects, plot and conflict elements (symbols). In the dramatic dimension, this paper classifies the symbolic narrative types of film and television public service advertisements, including the narrative type of character story, the presentation of audio-visual image and the abstract transmission of emotion, namely, the category of vision, hearing and feeling. This article also touches in-depth interpretation of the current film and television public welfare. According to the narrative strategy of advertising symbols, the character symbols of the common people's image and the narrative background of "family culture" are deeply rooted in the people's hearts, and the case analysis is carried out through the signification expressed between the signifier, the signifier and the nomenclature. It is found that the phenomenon of "double symbols" exists in many film and television public service advertisements, in which the reasonable cross-domain of image symbols and symbolic symbols in metaphors can better interpret the value and significance. Then, the symbolic emotional symbols can drive the homogenization of social demands, which is also the value of the creators hidden in their works. Finally, this article has carried on the two-dimensional analysis to the film and television public service advertisement content and the dissemination effect. And the author estimates the influence for the public welfare brand communication effect.

Keywords: dramatic; film and television public service advertisement; symbol; narration

作者简介

吴偲，广东财贸职业学院教师，文学硕士。主要研究方向为广播电视研究。

吴晟，广东外语外贸大学南国商学院教授，文学博士。主要研究方向为文艺理论研究。

詹姆逊符号学视域下《防海新论》之译介

郑意长

摘　要：弗雷德里克·詹姆逊的符号学理论认为符号的运用及其衍生对文化的构成与发展
具有普遍的形式意义。有鉴于此，本文从詹姆逊符号学视角出发，对《防海新论》
这一在近代中国海防体系转型过程中极为重要的译作进行评析，认为傅兰雅与华
蘅芳两位译者勇于正视来自西方列强"物化的力量"，为近代中国带来了"随时
生新"的海防术语；冷静面对日趋僵化的文言句法，努力挖掘近代汉语的"半自
主性"，打造"浅明为要"的句法；坚毅地"接触历史"，以"不失原书之真意"
的叙事模式为近现代海防语篇的输入作出了不容忽视的贡献。

关键词：詹姆逊　符号学　《防海新论》　翻译

　　1868 年，亲身经历了美国南北战争的普鲁士海军军官希理哈（Victor E. K. R. von
Scheliha）在系统总结了该战争的经验教训之后，写就海防理论专著《防海新论》（*A
Treatise on Coast Defence*）。该书共二十卷，涉及海防理论概要、船炮技术改进、海防手
段更新、水雷火器制造及海战细节描述等。英国在华传教士傅兰雅（John Fryer）与中
国近代著名学者华蘅芳对该书进行了合译（江衡校对、赵宏绘图），译本将原作压缩为
十八卷，由江南制造局于 1874 年刊印发行。

　　我们知道，19 世纪 70 年代，深陷频仍的内忧外患，晚清政府内部从国防战略高度
进行了一场"海防"与"塞防"的大讨论。在这样的历史背景下，《防海新论》作为
"晚清最早问世的一本重要的战争实录译本"（邹振环，2008：28），一经出版发行，旋
即引起了诸多政界与学界的高度重视。"海防论"派的代表人物李鸿章在奏折中曰：
"查布国《防海新论》有云：……等语，所论极为精切。"（宝鋆，1930：9129）两江总
督李宗羲、山东巡抚丁宝桢、江苏巡抚刘坤一等封疆大吏也都相继研读过该书，并在奏
折中直接引证并认可了书中的相关观点。（王宏斌，2012）可以说，《防海新论》这一
重要译作为清政府国防体系由"重陆轻海"向"海防、塞防并重"的战略转变，提供
了重要的理论支持。

　　因此，《防海新论》这样一部对中国近现代海防产生了重要影响的军事著作，其中
文译本亟待我们从现代理论视角进行全新解读和系统评析。毫无疑问，在文化范式高度
符号化的今天，可以说几乎人类的全部文化领域都是由符号所承担的。作为人类活动的

中介环节，符号的运用及其衍生对文化的构成与发展具有普遍的形式意义。因此，符号学理论对于《防海新论》译本的研究而言，具有重要的学术价值及理论参照价值。在诸多符号学理论流派中，马克思主义学者弗雷德里克·詹姆逊（Fredric Jameson）的符号学理论，无疑是十分具有代表性的，它为我们的语言文化研究带来了一股方兴未艾的思潮。从詹姆逊符号学理论视角去评析这部被誉为"新理战史"（陈庆年，1993：1128）的《防海新论》译本，有助于我们进一步认知清末海防理念与海防主体之间的语码构塑及其符号化过程。鉴于此，本文将从术语、句法及文本叙事三个层面对该译本进行评析。

1 "物化的力量"带来"随时生新"的海防术语

詹姆逊认为社会生产力的发展，使人类逐渐步入科学的且理性的符号化社会形态，人类对于语言和文化的认识也逐步趋向客体化及抽象化。人们能够以客观的历史现实作为考察符号演变的参照物，通过对外界客观存在物的动态追溯，产生对语言符号世界的某种反作用及逆操作。较之以往的语符神圣化解释和强制性同化的倾向，物化的力量（forces of reification）带领人们向符号自由迈进了一大步。就此，詹姆逊明确指出："这种力量可以简单地用金钱和市场体系对那个古老的、有机的群体社会的瓦解和科学中新的、系统性的实验所产生的怀疑来说明"。（詹姆逊，1997：285）

众所周知，中国近代海防体系的变革无疑是一个复杂的系统工程，不仅包括武器装备的更新、编制体制的调整，还涉及军事理论的创新以及新式人才的教育培养等多个维度，而海防术语的译介则是实现海防体系各个维度近代化的肯綮之所在。面对西方列强先进的海防思想及其海防装备，傅兰雅与华蘅芳顺应了这种物质性的推动力，努力消解古老且僵化的符号世界经验沉疴，竭力通过描述法、音译法和描述音译结合法等，引进新的西方近代海防术语。傅兰雅坚定地认为："然中国语言文字与他国略同，俱为随时生新，非一旦而忽然俱有。故前时能生新者，则后日亦可生新者，以至无穷。"（傅兰雅，1984：217）译者这种"随时生新"的认知，为新鲜海防术语的引进提供了翻译实践层面的支撑点。

可以说，海防术语是近代海防体系在意义层面的符号感知（semiotic perception）及话语发轫，也是近代海防体系的主要符号载体。因此，《防海新论》中的这些汉译术语有利于培养译文读者对源自西方的异域参照物的认知，也有助于近代海防理念及装备知识在近代中国社会的接受和普及，进而促进中国海防体制的近代化转型。译本中"随时生新"的海防术语众多，现试举其中三类：

表 1　《防海新论》海防术语举隅

《防海新论》译本海防术语举隅		
弹药类	舰炮类	防务类
"藏伏水雷" "定而不动之水雷" "能行动之水雷" "浮漂之水雷" "开花弹"	"果伦比耶炮" "布鲁斯炮" "大车轮炮" "铁甲舰" "水雷船" "螺轮之船" "明轮之船"	"守定不动之防法" "挪移泛应之法" 绕行平圆 有冲船来攻之号

由表 1 可见，这一系列海防术语，大多为"中土无名者"，译者挣脱跨语赋义过程中所受到的文化、语境、语符等多维度影响，勇敢地"将西国之名译其义"（华蘅芳，1896：1）。换言之，译者将符号指称意义的实现放在了首位。这样，指称现实中的物质实在也就顺势为译入语文化所接受。

历史证明，这些新鲜的海防术语背后强劲的"物化的力量"，对清末的海防高层产生了极大的震动。曾国藩坦言："盖翻译一事，系制造之根本。"（1876：7）在此，"制造"一词已不囿于器物范畴，还指符号体系。换言之，译本中的术语符号价值拉升了相对应的使用价值。光绪元年五月，李鸿章受命督办北洋海防事务以后，首次向总理衙门阐述海防建设规划时，就重点提到了"藏伏水雷"。（顾廷龙、戴逸，2008：241）可以说，作为《防海新论》的忠实读者，李鸿章"最早关注的是藏伏水雷"。（陈先松、焦海燕，2017：122）而且，北洋水师仅鱼雷艇就陆续向德国购买了二十多艘，主力舰"定远""镇远"两艘大型装甲舰，"来远""经远""济远"三艘巡洋舰，也均购自德国。这无疑说明，《防海新论》译本中的海防术语在某种程度上达成了现实行动符号与理论意识符号的统一化。

2 "半自主性"催生"浅明为要"的句法

论及符号系统的发展，詹姆逊指出，"符号本身和文化仿佛有一种流动的半自主性（floating semiautonomy）"，（1997：285）显然，这种"半自主性"能够斩断符号永恒性之链条。因此就句法而言，历史性变革和与历史性碰撞过程中的句法符号编码机制，往往让使用者不自知地进入某种半自主范畴，其主体意志不断投射于句法的旧有结构，并日臻形成一套有机的、全新的自在逻辑。因此，"必须用某种方式重新组织研究对象，以把它的'真相'化解为文本的许多语义和句法的组件，并对之进行破译。"（詹姆逊，1997：56）

作为《防海新论》的译者，傅兰雅明确主张"辞句以浅明为要，语意以趣雅为宗"（戴吉礼，2010：501）可见，他力图打破为世人所诟病已久且佶屈聱牙的文言文所编织的句法桎梏，争取译文在句法层面的"流动的半自主性"。试看以下三个例句：

例1

"凡与滨海之各国战争者，如能将本国所有之兵船径往守住敌国之各海口，而不容其船出入，则为防守本国海岸之上策。"（希理哈，1874：10）

例2

"如本国沿海之地绵亘数千里，敌船处处可到者，若必处处防堵，所费浩繁。"（希理哈，1874：5）

例3

"人马、军械、辎重与夫人工、物力最不可散漫遍布，而用之必聚精蓄锐，只保护最紧要之数处，庶几可以固守。"（希理哈，1874：7）

显然，在例句1中，译者刻意淡化或隐去了句子的逻辑主语或一系列动作的施动者，试图打造新颖的"流动的半自主性"海防语境下的句法逻辑；例句2则巧妙地联用了"如""若""所"等衔接手段，足见译者在竭力将欧式关联表达方式运用于近代汉语句法，进而增强汉语在近代海防语境中的自适应性；在例句3中，译者集中使用了"最不可""用之必"及"最紧要"等三字式强调句素结构，打破了文言句法体系中符号焦点（semiotic focus）的排列定式。

总之，原著句法符号组织在异质文化中的再现，常常以不同程度的原文主体扭曲为代价，甚至出现某种位移。但正如图1所示，《防海新论》的译者通过在译文逻辑链、衔接链及句素链方面（其中句素链的"半自主性"更为明显）的革故鼎新，孕育出了句法结构方面的异质重构性。

图1 《防海新论》句法的"半自主性"

3 "接触历史"者"不失原书之真意"的叙事

詹姆逊认为特定主体对特定文本的每一种解读，都不是孤立的、静止的，都涵盖着不同的语篇生产方式的碰撞和反思，符号及符号网络只有在文本的对抗与对话中才真正成为意义。可以说，特定主体由于长期浸染在特定的语篇生产模式中，其解码与叙事绝非被动的或单向度的。可见，译文是读者（包括译者在内）在文本阅读中重新创造出来的，因为"我们只能通过预先的文本形式或叙事建构才能接触历史"。（詹姆逊，1997：148）显然，译者在语篇叙事中的主体性及创造性的作用不容忽视，否则将使译本陷入非实质性的虚无状态。

众所周知，中国古代典籍中关于战争及兵法的文本不胜枚举，并且有了相当成熟的编年体、纪传体和记事体等叙事方式。然而，叙事符号系统在创造和演进过程中，由于能够给特定主体带来本质力量的实现，所以相应符号使用者群体就会将其约定俗成。换言之，特定符号叙事体系一旦成为稳定的范式，就会表现出较强的保守性和排他性，从而会扼杀符号叙事衍义。一般而言，中国战史或兵书大多采用全知全能的叙事视角，作者高高在上地以权威眼光去述评战争过程及兵法程式。与此同时，作者还会对读者强行灌输自身观点，其符号叙事体系的弊端显而易见。这种主观且超然的符号叙事，常常会让读者失去能动的符号认知意识，也就无法产生自然真切的符号共鸣。

但在《防海新论》序言中，译者却勇于摒弃因循守旧的单向度主观叙事，旗帜鲜明地指出"余以为此不过记事之书、用武之事，……其文义但求明白晓畅，不失原书之真意"（华蘅芳，1873：1–2）。因此，为了让读者既"明白晓畅"，又"不失原书之真意"，《防海新论》译本在叙事视角方面主动进行革新。译者主要采用的是第一人称的限制性视角，叙事视角与叙事声音基本上是统一的，叙事声音的发出者就是"余"——希理哈，而且叙事者基本不介入所述事件的过程。

此外，译本中还大量保留了原作所引用的战争参与者的一系列报告书、军事报道及战书，如《韦连斯报书》《打拉嘎林文报》《法拉嘎德文报》《沛止致北军书》等。叙事者则动态地变为"某"或"我"，例如：

例4

"某于九月初九日早晨，带兵攻色末搭堡，不料尽被敌人所擒。"（1874：68）

例5

"比及我到水师船之时，所挑之各小船都已在。"（1874：69）

尤其值得注意的是，译者还果断地将原作中主体叙事者的动态变化视角移植过来，间或以一种旁观者和局外人的观察角度，或全知叙事者的视角提出"公论"，如卷四末希理哈就"近时防守水路之法"提出了11条公论。

例6

"花旗南北交战之时，余在南方身历戎行者四年，于水师战守之事见闻较广。……大半从曾经阅历之处随事逐物，究明其理而论其利弊，且于论断之外，复节录南北各官之文报以为证据。其文报皆为紧要机密之件，当时防守水路之情形，观此可了如指掌矣。"（1874：1）

我们知道，作为一种文本编码体系，叙事符号机制的中介功能不仅仅是"过程"性的，而且是"示范"性的。可以说，《防海新论》的译者作为"接触历史"者，出色地完成了"不失原书之真意"的叙事，实现了两种叙事符号体系的跨文化对话，令读者在这部海防实录中能够身临其境地感知近现代海防体系及其先进理念，从而不自知地置身于真实、自然和本真的符号世界。

4 结语

毋庸置疑，任何主体在创造之前，常常要在符号的可能性领域进行目标的塑造和预演。面对晚清海防体系在符号秩序方面的日渐失衡与萎靡，《防海新论》的译者主体显现出了超越性的自我意识。由于顺应了符号发展史的必然性，《防海新论》译本在塑造和预演方面，无疑是成功的。综观整个洋务运动时期，中国军政要员们的海防思想及军备思想基本没有超越《防海新论》的理论范围。"《防海新论》译刊后在晚清中国产生的影响持续长达30年以上"。（邹振环，2008：32）据统计，《防海新论》译本自1874年刊印出版后，至1880年就已销售1114册，这对中国摆脱传统"重陆轻海"国防观念，迈向近现代海防体系产生了重大的促进作用。

符号是社会实践的普遍中介手段，傅兰雅与华蘅芳相互协作的"西译中述"模式，把译本语言转化为一种激发性的符号反映手段，为海防类著作的译介带来了创新性符号生成机制。他们在既缺乏工具书，又没有平行文本的情况下筚路蓝缕，勇于正视来自西方列强的"物化的力量"，为近代中国带来了"随时生新"的海防术语；他们冷静地面对日趋僵化的文言句法，努力挖掘近代汉语的"半自主性"，在译本中打造了"浅明为要"的句法；两位译者坚毅地"接触历史"，以"不失原书之真意"的文本叙事，为近现代海防语篇的输入作出了不容忽视的贡献。总而言之，《防海新论》的译介对于促进中国近代海洋军事理念由器物工艺层面，转向制度建制层面，并最终进入学术层面且形成比较完整的军事思想体系，发挥了重要的符号介质作用。

参考文献

[1] 宝鋆. 筹办夷务始末（同治朝）[Z]. 北京：故宫博物院用抄本影印，1930.

[2] 陈庆年. 兵法史略学 [C] //《中国兵书集成》编写组. 中国兵书集成：第49册. 北京：解放军出版社，1993.

[3] 陈先松，焦海燕. 北洋海军购置雷艇考述 [J]. 安徽史学，2017（1）：122.

[4] 戴吉礼. 傅兰雅档案（第二卷）[M]. 桂林：广西师范大学出版社，2010.

[5] 傅兰雅. 江南制造总局翻译西书事略 [C] //罗新潭. 翻译论集. 北京：商务印书馆，1984.）

[6] 顾廷龙，戴逸. 李鸿章全集（第29册）[C]. 合肥：安徽教育出版社，2008.

［7］华蘅芳. 防海新论（原序）［M］//熊月之. 西学东渐与晚清社会（修订版）. 北京：中国人民大学出版社，2011.

［8］李鸿章. 李鸿章全集［M］. 合肥：安徽人民出版社，2008.

［9］罗新璋，陈应年. 翻译论集［C］. 北京：商务印书馆，2009.

［10］王宏斌. 晚清海防地理学史［M］. 北京：中国社会科学出版社，2012.

［11］希理哈. 防海新论［M］. 傅兰雅，华衡芳，合译. 江南机器制造局翻译局翻译馆刻印本，1874.

［12］曾国藩. 曾文正公全集卷三十三［M］. 传忠书局刊，1876.

［13］詹姆逊. 晚期资本主义的文化逻辑［M］. 陈清侨，等，译. 北京：三联书店，1997.

［14］邹振环. 西方战争实录的叙事视角——晚清防海新论汉译及其影响［J］. 华东师范大学学报（哲学社会 科学版），2008（3）：28，32.

A Study on the Translation of *A Treatise on Coast Defence* from the Perspective of Jameson's Semiotics

Zheng Yichang

（Tianjin University of Finance and Economics）

Abstract：Fredric Jameson holds that the application and ramification of symbols have formal meaning in terms of cultural construction and development. Based on his theory, this paper studies the translated version of *A Treatise on Coast Defence*, a book which is crucial to the transformation of modern Chinese coast defence. The paper argues that the two translators, John Fryer and Hua Hengfang, are courageous to face the "forces of reification" from Western powers and bring "always generative" terms of coast defence; surveying more and more rigid syntax of classic Chinese, they try to unearth "semiautonomy" in modern Chinese language and build "simple and concise" syntax; "confronting history" determinedly, they make important contributions to the introduction of modern coast defence texts with their narrative devices which "keep original text's message".

Keywords：Jameson; semiotics; *A Treatise on Coast Defence*; translation

作者简介

郑意长，男，天津财经大学人文学院商务英语系副教授，博士。研究方向为翻译理论与实践。

《探险家沃斯》中的符号自我：
谈帕特里克·怀特笔下的沃斯与澳大利亚

王雪峰

摘　要：诺奖作家帕特里克·怀特的代表作《探险家沃斯》的背景设在 19 世纪的澳大利亚。该小说基于德国探险家莱卡特探险的故事，讲述了沃斯进入澳大利亚内陆的探险旅程。在旅途中，沃斯强行同化罗拉，原住民，以及上帝等他者，导致符号自我被迫进行向上还原，从而产生身份危机，这正好象征了澳大利亚民族身份中不可调和的二元对立，如男性与女性、殖民者与原住民等。本文表明，怀特不仅将这些二元对立融入沃斯的文本身份中，使其成为澳大利亚民族身份的符号象征，还借助沃斯同化他者的失败经历颠覆传统权力结构，从而透露出怀特对澳大利亚未来的期许。

关键词：《探险家沃斯》　符号自我　他者　身份　向上还原

1 前言

早在 1958 年，即《探险家沃斯》（*Voss*，1957，以下简称《沃斯》）出版后一年，马赛尔·奥鲁索（Marcel Aurousseau）就曾尝试通过德国探险家莱卡特（Ludwig Leich-hardt，1813—1848）的历史资料追溯沃斯的历史身份，并在文章末尾指出："怀特赋予了澳大利亚想象一个具有象征性人物的特性，并着力通过该人物身上重要的英雄气质来了解澳大利亚这个国家。"（Aurousseau，1958：87）哈罗德·奥廖尔（Harold Orel）、J. A. 温赖特（J. A. Wainwright）分别于 1972 年与 1993 年做过类似的研究（Orel，1987：109 – 119；Wainwright，1993：139 – 141）。2010 年安格斯·尼科尔斯（Angus Nicholls）在伦敦大学举办的怀特会议上宣读了论文"再论莱卡特与《沃斯》（Leichhardt and *Voss* Revisited）"，对沃斯的身份做了更为全面的溯源与分析（Nicholls，2015：35 – 63），以及在 2013 年发表的论文进一步分析了莱卡特的日记对怀特创造沃斯这一小说人物的影响（Nicholls，2013：541 – 559）。除了以小说人物的原型来分析沃斯的身份以外，国内外学者有结合作者生平资料，有借助尼采的超人理论或西方悲剧理论，有借用包括荣格在内的心理学，也有从宗教角度、人与自然的关系、人性与神性之间的矛盾、物质世界与精神世界之间的挣扎、反英雄等角度来分析沃斯的文本身份。

沃斯深入内陆的探险可以被理解为是一次重新认识自我的征途，而他者的存在，不管是对沃斯的身份，还是澳大利亚的民族身份，都有着重要的建构性作用。本文另辟蹊径，主要借鉴美国社会学家诺伯特·威利（Norbert Wiley）关于符号自我的理论，探讨文本中他者对自我的建构，从而分析沃斯的文本身份，并以此为切入点，分析澳大利亚的民族身份。本文最终表明，怀特不仅将男性与女性，人类与上帝，以及白人与原住民等二元对立融入沃斯的身份中，使其成为澳大利亚民族身份的符号象征，还借助沃斯同化他者的失败经历颠覆以往将女性与原住民边缘化的叙事传统，将他者置于文本中心，重构出呈现他者强大存在的澳大利亚民族身份。尽管该小说似乎不可避免地带有"欧洲中心主义"的残余，但怀特版的澳大利亚民族身份仍然超越传统民族身份中的二元对立所体现的权力结构，这是怀特自己对澳大利亚未来的期许。

2 符号自我，他者与身份

威利相信，存在一种普世人性，即自我，也可称之为自反性的自我（the reflexive self），或者符号的自我（the semiotic self）（威利，2010：1）。自我是类属的（generic），而身份是个体的（particular）。自我相对于身份而言更加稳定，是一个人际构成与社会构成，即自我必须在与他者、与社会的符号交流中确定自身。正因为自我容纳多个具体身份，才可以进行普遍讨论。

"每个主体，都游弋于不同的身份之间，通过这些身份向自己与他人演绎、诠释自我。所以，自我与他者互为演员或观众，进而构筑具有符号意义的存在模式。"（文一茗，2017：63）因此，他者在塑造自我中有着不可忽略的作用，每一个主体的确定都必须放置在与他者的关系网络中，即"没有任何主体（即使是他者）能够独立于他者而存在"（扎哈维，2007：122）。小说中，沃斯进行互动的他者主要分为罗拉代表的女性他者（以及相对于原住民而言的欧洲移民他者），杰基代表的原住民他者，以及上帝他者。

身份在本文中被分为个人身份与民族身份。安东尼·吉登斯（Anthony Giddens）指出个人身份，"在词源学角度讲，身份即同一，可以用于指称人的类属本性，人们通常以一种更为具体的方式使用身份的观念"（威利，2010：1 – 2）。民族身份与个人身份紧密相连，它是个人对其国家或民族的认同或归属（Ashmore，Jussim & Wilder，2001：75）。怀特曾说："直到有足够的个体找寻到自己的身份，澳大利亚才会获得自己的民族身份。"（White，1989：114）虽然怀特的小说主要专注于刻画人物的个人身份，但是他同样关注澳大利亚的民族性，并试图将其融入小说人物中。在该小说中，怀特便通过沃斯的个人身份构想出独特的关于澳大利亚民族身份的美好愿景。

同时，威利综合皮尔斯与米德的理论，将自我理解为符号，一个具有自反性、社会性以及对话性的动态三分结构："主我（I）—客我（me）—你（you）"，分别对应符号学视阈下的"符号（sign）—客体（object）—解释项（interpretant）"，在时间上分别表示当下、过去与未来。符号自我"永远处于一个自我阐释（self-interpretation）的进程之中，当下自我（the present self）向未来自我（the future self）阐释着过去的自我

（the past self）"（威利，2010：16），即自我的自反性思考可"在时间轴上横向展开"（赵毅衡，2010：16）。自我在与他者的互动中，也会向上还原到互动、社会组织和文化层面，也会向下还原至人类本能和欲望的物理化学或生物层面，即自我的思考也可在自我的上下层次之间进行纵向位移。符号自我适当的上下位移并不会否定自我的意义，然而，当自我过度位移时，"自我作为一种意识会渐渐失去意义"（赵毅衡，2010：17）。小说中，沃斯强行同化他者，符号自我则被迫进行向上还原，并时常超越自我所能承受之限度，导致一些外在的、他者的、不合时宜的属性被强加给了自我，自我代表的身份便面临危机，造成弗洛伊德所说的"暗恐/非家幻觉"（uncanny / unheimlich）："熟悉的与不熟悉的并列、非家与家相关联的这种二律背反"（童明，2011：106）。简·M. 雅各布斯（Jane M. Jacobs）也借鉴该术语讨论澳大利亚的民族身份：在场的同时又不在场，熟悉的同时又不熟悉，自我似乎永远处于他者的状态（Jacobs & Gelder，1994：23）。

3 符号自我中的女性他者

怀特在他的很多作品里面都赋予了人物以"两性特征"，《沃斯》也不例外。怀特自己也借用荣格的心理学术语将罗拉比作沃斯的"anima"（White，1983：103），学界普遍译为"阿尼玛"，即男性人格中的女性倾向。小说讲述了沃斯与罗拉的爱情故事，但是他们的爱情却超越了一般意义上的两性爱情关系。沃斯与罗拉通过写信来维系爱情，且只能在梦境中进行交流融合，这是纯粹的柏拉图式的恋爱。怀特通过沃斯自我中的女性他者罗拉，在这场不寻常且不平衡的恋爱关系中赋予了罗拉以强大力量，成功将其"去边缘化"。

小说中，罗拉一直以"灵魂"的形式出现在沃斯的梦里，是一位不在场的在场者，伊丽莎白·韦伯（Elizabeth Webby）将其称为"罗拉的精神旅行"（Webby，2000：53）。沃斯在旅途中也经常想象与罗拉在精神与肉体上的融合，并把这块广袤的土地当作容纳他情感与欲望的房屋："罗拉，我独自坐在这个无边无际的原野里，终于感觉到我们的相爱是必然的、适当的。没有一座普通的房屋可以容纳得下我的感情，但这个巨大的天地，却永远使人滋长更多的渴望。"（怀特，2000：227）罗拉则被刻画成沃斯的"旅行同伴"，更成了他的精神向导。沃斯在旅途中的内心独白，实质上是与罗拉的"对话"，即罗拉已成为沃斯内化的重要部分，成为他重要的感知。沃斯竭力同化罗拉的同时，他也在抛弃代表男性身份的"过去我"，即符号自我中的"客我"，而无限接近代表女性身份的"未来我"，即"你"，也就是"解释项"。"当下我"也就被赋予了两性特征，在"过去我"与"未来我"之间不断被重新阐释。在面对原住民男孩杰基解释这些"风筝似的画像"时，沃斯便向内心中的罗拉索求答案，罗拉也给予他启发："为什么不能总是这样呢？他惊讶地问永远锁在他心里的那个女人，而她就通过她的梦

幻般的长发来回答他。她启发他说……"（怀特，2000：290）

这里看似是沃斯的内心独白，实则呈现的是沃斯与罗拉之间不平等的"对话"。沃斯作为一位谦卑的咨询者，向作为其精神向导的罗拉发出疑惑，而罗拉则成了知晓这一答案的人，给予了他以启发，解决了他内心的困惑。沃斯将罗拉"锁"在了心里，并被赋予了"两性特征"，自我便在试图同化这一女性他者的过程中被迫进行向上还原。沃斯通过与罗拉的"移情换位"，将自我移到了他者的位置，即移到了与女性他者罗拉一致性的基础之上来反观自我自反性的盲点，使自我变成了"他人的自我"（赵毅衡，2010：17），以至于沃斯最后"必须接受自我中与罗拉一致的女性特质，即温柔、谦逊，以及接受与给予爱的特质"（Bliss，1986：63）。但是，当他者过于强大时，自我极度地向上还原，一味追求那个理想的"未来我"，将会打破符号自我内部三分结构的动态平衡，自我主体性也将难以建立。当沃斯愈发深入澳大利亚内陆，变得愈发虚弱时，罗拉作为女性他者的存在便愈发强大，以至于沃斯的真实自我被无限挤压。当沃斯读完诗，昏昏欲睡时，罗拉再次出现在沃斯的身边，把他的头抱在怀里。面对着罗拉的强大存在，沃斯身上成年男性的特征被逐渐削弱，甚至退化成了小孩："一位母亲把在梦中的孩子的头抱在怀里，但她自己却不能进入梦中；梦只能是孩子的，并且会一再发生"，而罗拉却"在这个人的梦里实在无能为力"（怀特，2000：313）。

在这场梦里，以前女性依附男性的权利秩序被完全颠覆，相反，男性作为一个无力的孩子完全依附于强大的母亲。苏·科索（Sue Kossew）认为："澳大利亚白人女性定居者的身份通常陷于民族主义下的男性话语与充满同情与妥协的母亲角色之间。"（Kossew，2004：1）历来澳大利亚民族身份中这种难以调和的"男强女弱"二元对立关系正如沃斯向上还原的自我所体现的危机一样：沃斯极力同化罗拉，最终她却"无法进入梦中"，无法成功内化为自我的一部分，并且沃斯通过将自我向上还原到与女性他者罗拉一致的层面，反观到了自我男性气质中的傲慢与自大，符号自我代表的男性身份便产生危机。相反，沃斯梦里的罗拉的母亲形象脱离了其传统的意义，这位母亲不依附任何男性，没有妥协自己的主体性，她还被男性所依附，并作为沃斯的精神向导为他指点迷津，给予希望："如果可能的话，他就会走到她那边去，但这不可能，他的身体疲惫已极。相反，她走到他这边来了，立刻他就沐浴在光明和记忆中了。"（怀特，2000：406）小说最后，罗拉更是被拉向了文本中心，满怀信心地讨论澳大利亚的未来，这也成就了怀特自己对这个国家未来的想象。若民族是一个想象共同体，那么这个想象将带有明显的性别意识（Loomba，2015：208）。《沃斯》中的民族想象则打破了以前女性从属于男性的刻板印象，并以罗拉的口吻来展望出一个呈现出女性强大力量的澳大利亚民族身份。

4 符号自我中的原住民他者

澳大利亚文学的一个显著特点便是通过原住民他者来寻找关于自我的定义，澳大利亚的白人作者对于原住民的刻画通常是"负面的，有时是令人困扰或使人不安的形象"（Huggan，2007：25）。《沃斯》中的原住民形象也被描述为"一个警惕的、不友善的群体，他们监视着白人的逐步衰弱，并在适当的时候进行干预"（Driesen，2009：34）。小说中，沃斯在深入澳大利亚内陆的过程中所面临的原住民威胁越强大，他作为白人"殖民者"的力量便越衰弱，并最终妥协白人身份，成为"白人原住民"。怀特通过沃斯在探险中自我向上还原后主体性的逐渐丧失，使其最终拥有一种"间性身份"，从而颠覆传统"白黑"权力结构，在文本中将原住民他者中心化。

小说开始，沃斯便被描述成一个"外国人"。众所周知，澳大利亚正式成为联邦国家是在 1901 年，而小说故事的背景是设在 19 世纪。不同于小说中对土地有着强烈归属感的原住民，白人移民即将面临的却是旧殖民地的废除与新国家的成立所带来的未知与害怕，从罗拉的口吻中我们可以看到这种暗恐/非家幻觉："她对这个国家还有些害怕，因为她没有别的祖国，只好认它为祖国。但这种恐惧心理和某些梦一样，是她永远也不肯承认的。"（怀特，2000：5）沃斯便是这些还没有坚定祖国认同的人眼中的外国人，其形象可以被理解为：（1）被 19 世纪澳大利亚狭隘的地方主义所困扰的欧洲外来人；（2）第一批登入这块"无主之地"的欧洲殖民者。两种解读都把沃斯沦为试图在这块陌生的土地上建立自我主体性的他者。沃斯似乎有着"早期创业者不畏艰难，勇往直前的开拓精神"（黄源深，1997：311），并且认为他可以征服一切，但是事实却不是如此。沃斯从澳大利亚繁华的沿海地区深入内陆，是从有知走向未知，或者借助对这场旅途普遍的心理学解读来说，是从意识层深入无意识层。正如人类无法掌握心理的无意识层一样，沃斯在面对未知的澳大利亚内陆，以及与内陆的自然环境合二为一的原住民时，任何试图征服它/他们的行为都将以失败告终。小说中，沃斯试图以一位君主的同情心将这些黑人臣民纳入麾下："沃斯策马过去，心里存着一个信念：他必须直接和这个黑人交谈（these black subjects），最后用胜过语言的同情来征服（rule）他们。他那平静的心深信自己会弄清楚那支歌的含义的，并且可以提供所有进一步商谈的钥匙。"（怀特，2000：353；White，1957：330）然而，他们却无法进行沟通，最终以原住民逃跑结束。

尽管沃斯被认为是"与这片陌生土地和原住民建立起亲密关系的欧洲入侵者之一"（Driesen，2009：30），但是他永远不可能真正得到原住民的信任。沃斯始终试图扮演一个白人与原住民共同的神明，不仅领导着白人，还竭力同化这块土地与原住民，但是都徒劳无功。此时，沃斯的自我便被迫向上还原到"集体再现的视阈之中"（文一著，2017：64），越发接近自我的神性层面，竭力成为一个理想中的完美形象，以至于自我的人性层面被无限妥协，真实的自我便不复存在，从而失去自主性，受控于他者，尤其是原住民他者。这从沃斯与原住民男孩杰基的不平等互动中便可见一斑：杰基向对原住民文化一概不知的沃斯讲述巨蛇的神话。这一对话彻底将沃斯作为白人殖民者的语言与文化优势拉下神坛，迫使沃斯变成了"白人原住民"。

杰基是一个自由的灵魂，他虽然是被归化的原住民之一，但是却没有真正被白人所控制。相反，正是杰基的存在让沃斯自我的主体性受到严重威胁。首先，在沃斯与杰基的对话中，沃斯的语言系统受到破坏，以至于他暂时忘却了正确的语法结构，并在不经意之间说出了原住民英语："你们想要白人把黑人从巨蛇那里救出来？（You want for white man save black fellow from this snake?）"（怀特，2000：401–402；White，1957：374）。此时，象征白人身份的"过去我"被妥协，并被迫屈从了象征原住民的"未来我"，符号自我便在与杰基等原住民的互动中向上还原为"主体间性的自我"（文一茗，2017：64），"当下我"代表的身份便因此游弋于白人与原住民这两种相互矛盾的文化之间，变成了一种"间性身份"。其次，对话展示的原住民关于巨蛇的文化使得沃斯所代表的欧洲殖民者文化相形见绌，变得毫不重要，相反，一句"蛇，魔法很大，沃斯先生没有用（Snake too much magic, no good of Mr. Voss）"（怀特，2000：402；White，1957：374）让读者感受到了原住民文化的强大压迫，并迫使沃斯直面过去白人自我的傲慢与无知，以至于他开始"希望有什么旁的人能换下他自我估价中的自我"（402）。杰基的强大力量在他杀死沃斯时达到顶峰。沃斯身上白人殖民者的力量在这个时候被消耗殆尽。至此，传统白黑权力结构被彻底颠覆，欧洲殖民者成功征服这块土地的神话也在文本中受到了挑战。

传统的澳大利亚民族身份的建立是通过排斥"异己"，尤其是原住民（Loomba，2015：127）。但是在《沃斯》中，原住民他者被拉向文本中心，通过沃斯代表的欧洲殖民者的死亡成功"改写"了历史。亨利·雷诺兹（Henry Reynolds）曾将澳大利亚文学中对于原住民形象的呈现分为两大类：一类是危险并突出其蛮横的形象；另一类是忠诚的仆人形象（Driesen，2009：32）。值得注意的是，《沃斯》中的原住民形象虽然危险野蛮，但是怀特更多将笔触投向了他们的团结；虽然忠诚，但是却不受白人的控制——杰基作为原住民在白人中的传话人，用沃斯赠予他的刀捅向了沃斯，最终"破除一直无情地把他和白人拴在一起的魔法"（怀特，2000：419）。小说中的原住民才似乎有着能够把他们紧紧系在一起的魔法，他们形成强大的"原住民部落"，颠覆以往将原住民边缘化的殖民叙事模式。

5 符号自我中的上帝他者

小说中沃斯被描述为"不尊重上帝，因为他不像你"（怀特，2000：48）。卡罗琳·布利斯（Carolyn Bliss）也曾评价"沃斯除了他自己以外不认同任何神灵"（Bliss，

1986：62）。但正如前文所分析，沃斯在与他者的互动中将自我无意识地认同为上帝，即沃斯"通过将自我无限化来填充［自我自反性］盲点，将主体客体混合起来，像黑格尔那样将之组成为一个上帝"（威利，2010：110）。怀特通过在小说中完成沃斯从人到神的身份转换，将沃斯拔高到白人与原住民共同颂扬的神明地位，在文本表面之下透露出作者固有的欧洲中心主义意识。

在沃斯深入澳大利亚内陆的旅途中，他试图像上帝一样"理解一切人的需要，甚至石头心灵的需要"。（怀特，2000：200）沃斯与他者不对等的互动也将自我被迫向上还原到宗教文化（上帝）层面。可以说，沃斯是一个不是上帝而近似上帝的人。然而，尽管沃斯始终试图变成上帝，但是却无法成功，因为小说中呈现的沃斯总是处在神与人之间（他者与自我之间）的暗恐状态，总是想争取完美，却无法克服人类的缺陷。罗拉与赫普顿上校的对话无不透露着他们对沃斯作为神的怀疑。赫普顿在评价完沃斯"实际上，像个神"之后，"又大笑起来，表示他的怀疑"；罗拉也总结道："沃斯？不，他从来都不是上帝，尽管他乐于认为他是。有时，他忘记的时候，他就是人。"（怀特，2000：473）

实际上，沃斯并不能成为神，而仅仅是自我极度的向上还原使得他丢弃了正常人类所应拥有的感情与人际关系。沃斯坚信自己可以征服这块大地及其人民，从而展现出"僧侣特性"。心理学家大卫·阿索马宁（David Asomaning）曾这样评价沃斯的身份："在沃斯极力理解自我的最大限度以及自我在世界上的定位时，他设法用意志力迫使自己成为上帝，迫使自己否认上帝，最终用尽力气迫使自己成为一个人，一个带有女性气质的男人，甚至是一个在上帝之前的人（a man before God）。"（Asomaning，1995：79）什么是"在上帝之前的人"呢？我们可以从《圣经》中寻求答案——在创世纪17：1中，耶和华对亚伯兰说：你当在我面前作完全人（... walk before Me and be thou perfect）。阿索马宁并不是指沃斯变成了一个真正意义上的"完人"。当沃斯完成对自己生命的探寻，成为人人称颂的民族英雄时，他便成了一个符号象征。因探险队除了嘉德之外无人生还，而嘉德又被认为是一个年迈的"可怜的疯子"（怀特，2000：474），所以嘉德的记忆与讲述都是不可靠的，以至于没有人知道沃斯真正经历了什么。从这个意义上我们可以把沃斯理解为一个空符号，没有能指，所指也就无从谈起。罗拉则充当起这个符号意义的填充者，将沃斯的身份趋近完美化。（1）她从沃斯的死亡中，得到启发，同时也暗指沃斯，将其身份悄然上升到神的地位："有些人会学会理解那些不太会表达自己的物质形式中所包含的意思，这些物质有石块、木头、金属和水。"（怀特，2000：476）（2）将沃斯的事迹融入民族想象中，使其参与澳大利亚民族身份的建构：当有人问到如何称呼"这个人们熟悉的鬼魂""已经家喻户晓，那个死去的德国人"时，罗拉答道："沃斯没有死。据说他还在那里，在旷野上，而永远会在那里。他的传说最终会被那些心里不安的人写下来。"（怀特，2000：479）。

沃斯不仅对于移民者而言是一个传说，对于原住民而言同样也是如此："黑人直到今天还在谈论他。他还在那里——这是他们很多人的诚实的看法。他在原野上，而且永远在那里。"（怀特，2000：473）小说展现的澳大利亚未来仍然是由有着国家认同危机的欧洲移民来叙述。正如西蒙·杜林（Simon During）指出怀特的作品"一方面倡导一种后殖民的种族关系；另一方面却跳不出时代的偏见［……］但这种欧洲中心主义的意义建构掩盖了殖民过程中殖民者［对原住民］犯下的罪孽"（王腊宝，2016：395 – 396）。尽管怀特在文本中对于原住民形象的呈现比以往作品更加正面，其所蕴含的力量也更为强大，但他还是摆脱不了一个欧洲移民者对这个新国家的"白澳想象"，从而导致原住民在澳大利亚民族身份建构的缺失。

6 结论

《沃斯》可以说呈现了"两部完全不同的小说，被作者不安地放置在一起"（Williams，1993：60）。其中一部以现实主义的手法描写博纳一家白手起家成为新贵，之后又分别以贝拉与罗拉为视角而展现的家族兴衰的故事；另一部以寓言式的语言描写沃斯等人进入澳大利亚内陆探险，从而面临身份危机的故事。本文借助符号自我的理论，通过沃斯的个人身份分析了澳大利亚的民族身份：（1）沃斯，以及小说中所呈现的主要人物都有一种暗恐/非家幻觉，这正好对应作为英属殖民地的澳大利亚民族身份的两难状态；（2）沃斯强行同化罗拉、原住民，以及上帝等他者失败，符号自我被迫向上还原，其所代表身份面临危机，这正好像征传统澳大利亚民族身份中男性与女性，以及白人与原住民之间不可调和的二元对立；（3）同时，怀特通过沃斯的身份危机颠覆了传统二元对立的秩序，女性与原住民被拉往文本中心，从而呈现出怀特自己对于澳大利亚民族身份的独特愿景。这一切都说明，怀特在创作《沃斯》时，尽管汲取了关于莱卡特历史材料的大量养分，但超越了历史事实。虽然小说不可避免地带有欧洲中心主义的残余，但是怀特所展望的民族身份仍然超越了狭隘的民族主义与男性中心主义。而对于原住民问题，怀特给的答卷却被草率收尾。原住民的存在对于澳大利亚民族身份的构建，或许正如文中罗拉所说："空气会给答案的。"（怀特，2000：479）

参考文献

［1］Ashmore，R.，Jussim，L. & Wilder，D. *Social Identity*，*Intergroup Conflict*，*and Conflict Reduction*［M］．New York：Oxford University Press，2001.

［2］Asomaning，D. Jung and the Outside World by Barry Ulanov［J］．*Journal of Religious and Health*，1995，34（1）：78 – 79.

［3］Aurousseau，M. The Identity of Voss［J］．*Meanjin*，1958（1）：85 – 87.

［4］Bliss，C. *Patrick White's Fiction*：*The Paradox of Fortunate Failure*［M］．New York：St. Martin's Press，1986.

[5] Driesen, C. *Writing the Nation*：*Patrick White and the Indigene* ［M］. New York：Amsterdam, 2009.

[6] Huggan, G. *Australian Literature*：*Postcolonialism*, *Racism*, *Transnationalism* ［M］. Oxford：Oxford University Press, 2007.

[7] Jacobs, J. M. & Gelder, K. *Uncanny Australia*：*Sacredness and Identity in a Postcolonial Nation* ［M］. Melbourne：Melbourne University Press, 1994.

[8] Kossew, S. *Writing Woman*, *Writing Place*：*Contemporary Australian and South African Fiction* ［M］. London and New York：Routledge, 2004.

[9] Loomba, A. *Colonialism/Postcolonialism* ［M］. London and New York：Routledge, 2015.

[10] Nicholls, A. The Young Leichhardt's Diaries in the Context of His Australian Cultural Legacy ［J］. *Memoirs of the Queensland Museum*, Culture, 2013 (2)：541 – 559.

[11] Nicholls, A. Leichhardt and Voss Revisited. *Patrick White Beyond the Grave* ［G］. Ian Henderson and Anouk Lang, London and New York：Anthem Press, 2015：35 – 63.

[12] Orel, H. *Is Patrick White's Voss the Real Leichhardt of Australia?* ［G］ //J. Bakker, et al. *Costerus*：*Essays in English and American Language and Literature*. Dutch：Brill Rodopi, 1987：109 – 119.

[13] Wainwright, J. A. The Real Voss as Opposed to the Actual Leichhardt ［J］. *Antipodes*, 1993 (2)：139 – 141.

[14] Webby, E. ed. *The Cambridge Companion to Australian Literature* ［G］. Cambridge：Cambridge University Press, 2000.

[15] White, P. *Flaws in the Glass* ［M］. Ringwood：Penguin Books Australia, 1983.

[16] White, P. *Patrick White Speaks* ［M］. Sydney：Primavera Press, 1989.

[17] White, P. *Voss* ［M］. New York：The Viking Press, 1957.

[18] Williams, M. *Patrick White* ［M］. New York：St. Martin's Press, 1993.

[19] 扎哈维. 胡塞尔现象学 ［M］. 李忠伟, 译. 上海：上海译文出版社, 2007.

[20] 黄源深. 澳大利亚文学史 ［M］. 上海：上海外语教育出版社, 1997.

[21] 威利. 符号自我 ［M］. 文一茗, 译. 成都：四川教育出版社, 2010.

[22] 怀特. 探险家沃斯 ［M］. 刘寿康, 胡文仲, 译. 上海：译林出版社, 2020.

[23] 童明. 暗恐/非家幻觉 ［J］. 外国文学, 2011 (4)：106 – 116.

[24] 王腊宝. 澳大利亚文学批评史 ［M］. 北京：中国社会科学出版社, 2016.

[25] 文一茗. 身份：自我的符号化 ［J］. 山东社会科学, 2017 (8)：61 – 66.

[26] 赵毅衡. 身份与文本身份, 自我与符号自我 ［J］. 外国文学评论, 2010 (2)：5 – 17.

The Semiotic Self in *Voss*: On Voss and Australia in Patrick White's Vision

Wang Xuefeng

(Beijing Foreign Studies University)

Abstract: The Nobel Laureate Patrick White sets his novel *Voss* in the 19th century Australia. Inspired by the German explorer Ludwig Leichhardt, the novel relates Voss' adventure into the Australian outback. In his journey, Voss compels himself to include the others in the novel: Laura Trevelyan, Indigenous people, and God, whereupon the semiotic self is forced to reduce upward, thus giving rise to identity crisis. It rightly symbolizes the irreconcilable dichotomies in Australian national identity, such as man vs. woman, European settler vs. Australian Aborigine, etc. The paper showcases that, White not only condenses all the dichotomies into the textual identity of Voss, turning him into a semiotic sign that is symbolic of Australian national identity, but also tells his own vision of Australian national identity by reversing the traditional power structure through the failure of Voss' inclusion of the others.

Keywords: *Voss*; the semiotic self; other; identity; upward reduction

作者简介

王雪峰，男，北京外国语大学硕士研究生。主要研究方向为澳大利亚文学。

拼贴与渗透：《玛丽》色彩维度的多层次建构

曹晓娇

摘　要：在长篇小说处女作《玛丽》中，俄裔美籍作家纳博科夫别出心裁地搭建了两套重叠交错但色彩对比鲜明的时空体系。在这两套时空体系中，诸多色彩之间不仅如教堂的彩色玻璃窗般将色块拼贴在一起，更是突破色块间的界限实现彼此相互渗透，构成《玛丽》多层次、多变化、绚丽斑斓的色彩维度。本文借助洛特曼文化符号学理论，从色彩通感、色系倒置、色块拼贴三个角度切入，递进式解析《玛丽》色彩维度从点至面的建构，探索作家如何通过促进感官间的相互转换、艺术形式之间的碰撞、符号圈界限的穿越来激发读者的想象，增强作品的视觉艺术效果，丰富文本的可阐释空间，使读者的思维意识冲破文本的束缚，完成意义的转换与衍生，并借助彩色玻璃窗这一"取景器"，引导读者建构一个多元变化、色彩斑斓又不落俗套的世界。

关键词：纳博科夫　《玛丽》　色彩建构　符号圈

1 前言

　　色彩建构向来是作家丰富作品艺术性和感染力、传达情感共鸣和象征意义的有力手段，弗拉基米尔·纳博科夫（Vladimir Nabokov，1899—1977）也不例外，但作为一位先天具有通感能力的作家，他眼中、笔下的色彩又与他人不同。他曾说："对色彩的感觉，对色彩的喜爱，我一生都拥有。"（纳博科夫，2018：16）统计学家布拉特（Ben Blatt）通过统计分析得出，纳博科夫对颜色词的使用频率远超其他作家，每10万字中会使用460次颜色描写（Blatt，2017：322－323）。色彩是纳博科夫讲故事的有力工具，能够使作品层次更鲜明、细节更富有机感。其长篇小说处女作《玛丽》① 在色彩维度方面的建构十分巧妙，纳博科夫仿佛为读者搭建了一扇彩色玻璃窗，让读者透过拼贴的色块去看故事中色彩纷呈却又变化莫测的世界，在不断编码与解码中、在界限的穿越中衍生出新的意义。

　　"界限"是塔尔图符号学派领军人物尤里·洛特曼（Yuri Lotman，1922—1993）文化符号学理论中的一个重要概念。洛特曼的文化符号学研究有一条非常清晰的发展脉

---

① 《玛丽》（*Mary*）原名《玛申卡》（*Mashen'ka*），对纳博科夫来说有着不同寻常的意义，直到这部作品问世，纳博科夫才在俄侨文学圈中产生了较大影响。俄语版《玛申卡》1926年出版，1970年翻译成英语出版时改为《玛丽》，本文中统称《玛丽》。

络，即"符号—文本—文化—符号圈"，符号圈是符号生存与发展的空间，有"不匀质性、不对称性及界限性"三个特征（康澄，2006：39）①。整个符号圈始终处于不断变化当中，在不同的运动形式当中，"穿越界限"是最重要的一种，是新意义生成的重要渠道。在《玛丽》中，纳博科夫通过色彩通感、色系倒置、色块拼贴三种方式，完成感官渠道之间、现在与过去之间以及不同文化之间界限的穿越，增加作品的深度，扩大意义的释放空间。借助洛特曼文化符号学理论，或许我们可以透过光芒，探索《玛丽》多层次的色彩建构以及由此带来的光色幻象。

2 色彩通感：感官间的相互渗透

通感（Synesthesia）又称联觉、联感，是一种具有神经基础的感知状态，表示一种感官刺激或认知途径会自发且非主动地引起另一种感知或认识。（Cytowic and Eagelman，2009：309）② 通感对于纳博科夫来说是一种特别的文学天赋，因为他对色彩的层次变化有着极为敏锐的感知，在色彩的辨识方面有着与众不同的能力，在他的世界中"声音是有颜色的，颜色亦有气味"（纳博科夫，2013a：385）。创作中，他利用人类语言穿越感官的界限，让一种感知被另一种感知替代，一种语言被另一种语言表达，这些语言之间能相互碰撞、跨越、补充、替代或共鸣，而这一切都发生在人类思维的内部，所以通感不是外在的修饰、润色，不是外在作用于思维之物，而是构成创造性思维的要素，让读者在碰撞中产生矛盾，在转换中产生超感官的感受，激发新的情感，形成新的意义。洛特曼指出文本具有信息传递、新信息生成以及信息记忆三种功能，其中最为重要的是新信息的生成功能。（Lotman，1990：4）通感正是利用两种不同感官渠道、不同语言间不精确的转换完成信息的传递，这样的信息传递是从编码到解码的过程，也是突破感官渠道间界限后产生联系的活动。形成感官间联系的能力可以使言语进一步发展，有助于摆脱感官的专制。（Cytowic and Eagleman，2009：197）但是不同的感官系统结构之间会存在差异，导致代码具有不对称性和不可译性，所以通过这种渠道传递的信息只能是近似，不存在绝对的对等，而最终意义正是生成在这个过程当中。

通感是纳博科夫作品的一种鲜明标记，是激发读者关联与想象的一种手段，真正的通感者纳博科夫将之作为小说与诗歌中的一种风格机制，他笔下的人物具有形形色色的通感能力，作品也因这些特殊的能力而精彩纷呈。在纳博科夫性格迥异的男主角中，具备最多他本人特质的人物当数《玛丽》的男主人公加宁，在这部作品的前言中纳博科

---

① 国内也有学者将 semiosphere 翻译成"符号域"，本文使用康澄在《文化及其生存与发展的空间：洛特曼文化符号学理论研究》（2006）中的译法。

② 通感最初由神经学家发现，19 世纪末到 20 世纪初曾出现大量集中研究，到 20 世纪中期趋近中断，20 世纪末又重新受到现代研究者的关注。研究者从众多角度入手对通感进行研究，包括神经学、精神病学、心理学等，并逐步延伸到知觉的神经与认知、多感觉整合、语言发展以及记忆领域。有研究者认为，Synesthesia 一词在神经学领域称为"联觉"，在修辞学领域称为"通感"。还有研究者认为通感是隐喻的一种特殊类型，将其称为"通感隐喻"，为了避免表述混乱，本文统一使用"通感"。

夫承认，加宁在某种程度上是他自己。于是带着作者的灵魂碎片和通感能力，加宁这位替代者走上了纳博科夫走过的流亡之路，来到柏林，住到了一间膳宿公寓中。对于思乡又孤僻的加宁来说，尽管这个公寓带有俄国特点，却非理想的栖身之所。公寓门厅挂着昏暗的镜子、房间门上"贴着很大的黑色数字的房号"、楼梯灯光冰冷发黄、两只水晶玻璃花瓶因"罩上了一层绒毛般的灰尘而变得黯然失色"（纳博科夫，2013b：5－6）。伴随着这些昏暗色彩的，是各式带有负面情感的气味。厨房、女仆小房间、洗澡间和厕所散发出的臭烘烘是可悲的（纳博科夫，2013b：6），邻居阿尔费奥洛夫的腐臭味透着几丝悲哀的成分（纳博科夫，2013b：2）。可是当加宁得知阿尔费奥洛夫即将到来的妻子玛丽就是他年少时的初恋情人玛丽时，激动、不可置信和狂喜像色彩绚烂的花火在加宁的脑海中绽放，对于初恋的美好回忆如潮水向加宁涌来，"使他整个生命的万花筒转动起来"（纳博科夫，2013b：32）。在《玛丽》中，纳博科夫对于颜色和气味描写非常执着，他曾这样形容气味对于回忆的触发作用："记忆可以使一切重现，唯独无法重现气味；尽管只有一度与之相联系的气味才能使过去完全复活。"（纳博科夫，2013b：64）在加宁的世界里，气味是有颜色的，是联结现在与过去的通道，最能触动回忆，纳博科夫利用气味复苏了主人公的记忆，用嗅觉激活视觉，通过感官间的冲撞、转换以及渗透来激发想象，让读者产生共情。在复原回忆世界的过程中，加宁全力调动了自己的各项感官，当往事涌上心头使他不能自已时，他依旧能够回忆起一个个哪怕是微不足道的物品的颜色。

　　纳博科夫把回忆的时间调到了玛丽登场之前的一段日子，让加宁重新成为1915年夏天、乡间别墅里那个得了斑疹伤寒的少年。首先出现在回忆中的是护士身上"潮湿的、清凉的气味"（纳博科夫，2013b：32）。实际上，无论潮湿还是清凉，都不是护士身上的某种气味，并不能通过嗅觉获取，而是护士用蘸葡萄酒的棉花为加宁擦拭舌苔时的触感。纳博科夫将通过触觉获取的信息转换到嗅觉之上，通过气味激活了乡间别墅的场景，完成了从一种语言向另一种语言的转换。于是一件件色彩饱满的物品便出现在读者的视野中：藤制屏风是黄褐色的，折叠式百叶窗被漆成白色，墙纸是白底带蓝色玫瑰花的，地板是琥珀色的，窗外是一片倾斜的浅绿色房顶（纳博科夫，2013b：32－33）。当一切细节都丰满到足以达到加宁的要求后，在谷仓里的慈善音乐会上，伴随着一股焦糖和煤油的气味，玛丽出现在"一片炽热炫目的黄色灯光中、在以可见的形式——红色、银色头巾的褶皱，闪动的睫毛、夜风吹动时房梁上移动的黑色影子——表现出来的声音当中"（纳博科夫，2013b：48）。在灯火阑珊处，在各种颜色、气味、声音的缠绕中，玛丽重生在了加宁的回忆世界里。

　　利用通感，纳博科夫打通感官渠道间的隔阂，完成了符号圈界限的穿越，使以不同形式编码的信息进行交换与互动，并在互动后生成更多的意义。可以说，与玛丽相关的每段关键记忆都有色彩与气味的参与。由于有了气味与色彩的互动，文本空间由三维升级为四维，帮助读者的感官思维跳出文字的束缚，同时也为读者提供了一种抽象的、虚幻的、不完整的、脱离常规的认知方式。纳博科夫想要把自己的感知保存下来并与读者分享,但他却选择通感这种普通读者不具备的能力,编码时使用的代码超出读者解码时使用的代码,两种语言代码在数量上是不对称的。这样做是有意的,因为纳博科夫可以选择写什么、怎样写;这样做也是无意的,因为作为通感者,纳博科夫无法选择自己对事物的第一感知方式①,《玛丽》中色彩与气味的选择也彰显了纳博科夫用通感来拓宽想象与感知范围的才能。在使用通感这一手段时,由于共享语境,声音与颜色、颜色与气味等原本彼此并不能相互替代的元素之间突破界限,建立了适当的联系,开始相互渗透。对于具备和不具备通感能力的人来说,二者对想象感知与文字感知是有差别的,这些差别会在作者亟于分享自己的感知和个人感知能力的独有性之间形成一种张力,所以不同读者在与自我感知或生活体验关联时,就会产生出千差万别的效果。而《玛丽》色彩维度的巧妙建构并不仅仅体现在作者对通感手法的使用,纳博科夫还通过对电影表达手段的借鉴和颠覆,完成了色系的逆向建构,使《玛丽》的色彩表现更加复杂、多元。

3 色系倒置:电影化的逆向建构

作为小说家和昆虫学家,纳博科夫在两个领域都颇有建树,无论是艺术还是科学,他对于精确性都有一种不同寻常的坚持,而这份坚持的一部分或许来自他对色彩的激情。博伊德曾这样评价:"纳博科夫对于色彩的观察,无论是色彩的细微差别还是术语的细微差别,一定是因为对蝴蝶的喜爱而变得更加敏锐。"(Holabird,2005:2-3)无论是在自然中还是在绘画中,纳博科夫都能捕捉到光、影、映象与色彩,并巧妙地将它们运用到作品创作当中,而光、影、映象与色彩都是现代电影不可或缺的元素。纳博科夫作品的多维艺术风貌或许正是他不断地尝试跨越界限,将不同艺术形式表现手法糅合的成果。

《玛丽》中的色彩建构与其两套独立的时空体系密切相关,加宁有两个色彩不同的世界:现实世界与回忆世界。现实世界的故事发生在柏林,讲述了加宁一生中的一周。回忆世界的故事发生在故乡俄国,加宁主观讲述年少时与玛丽恋爱的故事,在精神上沉浸于重建过去美好世界的过程当中。"现实世界与虚构世界之间永恒的对立是纳博科夫作品的典型特征,《玛丽》中纳博科夫则将其描述为主人公在柏林的现实生活与对俄国记忆闪回之间的对比。"(Belousova,2017:98)回忆本身就带着明显的电影特征,对加宁来说,发生在现实和回忆两个世界的故事仿若穿插播放的电影,带着他不断跨越两个世界的界限,往复穿梭。

"色彩的象征意义事实上自古已存,而且往往与文化有关。"(贾内梯,2007:25)

---

① 塞托威克认为,通感是无意识的,同时也是不可抑制的,真正的通感能力可以被外界因素激发,但却并不能被随心所欲地唤起。通感是一种向外的投射,而不是通感者自己的想象。

电影中的色彩不仅能关联现实世界，还被许多导演用来关联人物情感，刻画人物内心，渲染场景气氛，被附加了诸多外延含义。"为了产生附加信息，导演可以形成色彩与某个主角的联系，创造类似的音乐主题，或者将某种色彩与'视角'或情感强度等同起来。"（洛特曼，2003：394）所以色彩携带着艺术信息，成为传递信息的工具。通常情况下，电影中的色彩代表的现象或蕴含的特殊意义是约定俗成的，有一定规则且被观众广为接受，只有具备了约定俗成的知识，接受了编码使用的规则并在解码时使用相似的代码，色彩符号所传递的信息才会被观众充分接收到。电影中会用不同色系来区分当下与回忆。通常来说，主角当下所生活的现实世界是色彩斑斓、明艳生动的，是清晰的。而回忆，因为与当下之间存在时空距离和心理距离，多是暗淡的，或黑白、或泛黄，是模糊的。但也有学者认为，在电影或其他形式的视觉艺术作品当中"色彩所体现的意义，最终要由它们所处的语境来决定"（贝兰托尼，2014：6），纳博科夫恰是根据语境，对《玛丽》的色彩维度进行了逆向建构，《玛丽》中的色彩运用，是纳博科夫在借鉴的同时，对电影色彩表现规则的颠覆。

对于流亡思乡的加宁来说，两个世界的色系是倒置的：现实世界是暗淡的，回忆世界却是明艳的。现实世界中出现频率最高的颜色是白、灰和黑，光影都是昏暗的。首先在人物描写上，纳博科夫为人物绘制的肖像面目皆无光彩：情人柳德米拉有着"无精打采的黑眼皮"（纳博科夫，2013b：10）；老诗人波特亚金"一张神色茫然且浮肿的脸浮现在一片灰色的朦胧之中"（纳博科夫，2013b：85）；玛丽的丈夫阿尔费奥洛夫的脸显得"浮肿发灰"（纳博科夫，2013b：116）；两个舞蹈演员的脸像"两抹黑白的色块"（纳博科夫，2013b：116）。这些人物的形象从某种程度上映射了他们的精神与情感状态，当加宁将他内心的负面情感映射到所处的外部世界之时，周围的环境也是暗淡的：现实世界天空苍白，清晨一片朦胧的黄色，苍白的街道上雨伞黑色的圆顶来回移动，阴沉的暮色渗入室内。一切都同人物们的肖像一样，显得阴冷，死气沉沉，毫无生机。康纳利通过对纳博科夫多部作品的分析总结认为其作品中的黑白组合多与死亡、毁灭或失去相关。（Connolly，2006：54）纳博科夫将本应色彩明艳的现实世界绘制成黑白灰色系的暗淡世界，让人感觉压抑，没有生命力。在看到玛丽的照片之前，加宁埋藏了对俄国生活的回忆，他希望在周六离开，摆脱当下的生活。而将他从灰暗现实世界暂时解救出来的，是他对玛丽的回忆。玛丽的照片如同一桶水，洗去了记忆中的尘埃，让本应泛黄的尘封往事变得色彩鲜活，色彩明艳的回忆穿插在色彩暗淡的现实世界当中，纳博科夫用反向的色彩建构赋予回忆世界以生机。

回忆世界是幸福甜蜜的，那里有加宁少年时期生活的别墅，有他所眷恋的乡间生活，还有祖国和爱人，是他对过去美好生活的重建和缅怀，回忆世界随着二人关系的发展变得色彩绚丽。在遇见玛丽前，回忆世界的色彩是柔和的。加宁初次遇到玛丽是在一个有着蓝色暮霭的夜晚，随着女主角进入镜头，回忆开始变得炽热，色彩对比开始变得强烈、刺激，带动读者的心开始躁动。热恋时期，爱情让感官变得更加敏锐，他们眼中的世界是缤纷绚丽的，耀眼的阳光里有深蓝色的小蜻蜓、黄烁烁的睡莲、红色的陡坡、紫色的石楠、绿色的草坡，灰绿色的旧房屋有着白色的柱子、黄色的镶木地板、白色的钢琴，花园里有橘黄色的小径（纳博科夫，2013b：62）。后期二人的感情淡化，玛丽的形象最后一次出现在加宁视野中是傍晚时分在蓝色的火车车厢内，火车行驶于落日黄褐色的光流中。玛丽走后，加宁看到的是落日暗金色的余晖，这段感情也如落日般，余晖逐渐消失，直至黑暗。

纳博科夫反其道而行之，将温暖绚丽的回忆世界穿插到了阴冷暗淡的现实世界当中，让二者缠绕交错，并用与电影色彩相逆的方式反向建构了《玛丽》的色彩框架。这种与一般读者常识相悖的色彩表达带来了更加强烈的视觉与情感冲击，增加转换难度，在一次次的冲撞与转换中赋予文本更加充沛的意义。现实中的虚幻、虚幻中的现实，因为有了玛丽而联结到了一起。故事的最后，加宁回到了现实世界，去车站迎接即将到来的玛丽。对玛丽的期待，将色彩从回忆世界带到了现实世界当中。那天早上，向来苍白的天空变成了浅蓝色，甚至云朵都变成了恋爱的粉红色，有轨电车的轨道颤动着肉粉色的光，一辆小车满载着大束大束的紫罗兰花（纳博科夫，2013b：123），回忆越过时空的界限，带着缤纷的色彩渗透进了现实，沉寂的现实世界因此变得鲜活。

4　色块拼贴：碎片的碰撞融合

除了对感官界限的突破以及色系的逆向建构外，纳博科夫对彩色玻璃窗情有独钟，《玛丽》中多次出现彩色玻璃窗的形象。加宁在现实世界和女朋友分手后离开时，看到房子门厅的窗玻璃上立体玫瑰和开屏的孔雀尾的彩色图案（纳博科夫，2013b：31）；在回忆世界中庄园宅第窗上装饰着彩色玻璃骑士（纳博科夫，2013b：49），玛丽约会的园林亭子的菱形窗上镶着颜色不同的玻璃（纳博科夫，2013b：60），灰绿色木质旧房屋的一对阳台上装着彩色玻璃窗（纳博科夫，2013b：62）。

通常来说，彩色玻璃窗盛行于哥特式和罗马式建筑，多出现在教堂当中，色块之间有着明显的界限，并由其拼贴成不同图案，带有较强的宗教意味。虽然学界关于纳博科夫创作中"俄罗斯性"和"非俄罗斯性"的争论从作家崭露头角的那一刻起便已有之，但或许彩色玻璃窗正是契合了俄罗斯东正教核心思想之一的聚和性，纳博科夫在无意识的情况下将俄罗斯文化的包容性与多彩性带进了文本当中，将"合而不同"的理念传递给读者。又或许《玛丽》中的一段文字能够解释他偏爱彩色玻璃的原因："如果你从一块蓝玻璃向外看，世界便仿佛凝固在月球朦胧意境之中；从黄玻璃往外看，一切就显得特别欢快；从红玻璃往外看，天空是粉红色的，树叶颜色深得像勃艮第红葡萄酒。"（纳博科夫，2013b：60）透过不同的色块向外看会获得不一样的感受，风景多了许多裸眼捕捉不到的意味，自然以不符合规律的颜色出现，眼中的物质世界发生了变化，变化的色彩赋予了熟悉的事物以陌生的意义，这种变化和意义因人而异。当光线穿过不同色块的玻璃时，彩色玻璃的碎片将颜色各异的光束洒向室内，"非物质性的光线超越了物质性玻璃的界限"（Harris，2014：303），色块之间的界限不再清晰，相邻的颜色向彼此内部慢慢渗透，混合成新的颜色。正如在符号空间中，相邻子符号圈中的符号穿越界限，彼此渗透，交换信息产生碰撞，"当碰撞足够频繁时，就会产生第三种、全新的现象"（Lotman，2009：65）。符号空间内部存在大量不断动态联系的系统，这些系统不仅内部产生对话，系统之间也会产生碰撞和爆炸，结果就是产生新的意义，而且这种意义的产生是不可预测的。当纳博科夫将彩色玻璃窗与文学创作相结合时，读者的思维活动更活跃，文本的可阐释空间更广阔，意义的生成变得更加不确定。

此外，有学者认为，"客体现实、想象与回忆共同构成了纳博科夫重新编码、虚实结合的文本形态。"（谢明琪，2019：134）彩色玻璃窗的形象不仅存在于纳博科夫的作品中，也存在于他的回忆中。回忆录《说吧，记忆！》中有一段与《玛丽》极为相似的文字表述："如果从蓝玻璃看出去，沙砾变成了煤灰……红玻璃使树叶把深红宝石滴落在粉色的小径上。"（纳博科夫，2013c：114）在关于庄园美好恬静生活的回忆当中，O小姐在游廊上为少年纳博科夫读书的情节魅力最持久，源泉正是镶嵌在游廊两端构成斑斓图案的彩色玻璃，以致"在后来的年代里，炙烤着人的思乡之情、使人渴望能够从中向外看的，正是这扇玻璃窗"（纳博科夫，2013c：115）。纳博科夫曾说过，加宁的玛丽和他的塔玛拉是"孪生姐妹"。于是，童年回忆中维拉别墅游廊上的彩色玻璃窗与《玛丽》中亭子的彩色玻璃窗逐渐重合，阳光照在记忆中塔玛拉的身上，穿透过彩色玻璃窗映射在心灵中，斑斓的投影中慢慢出现了玛丽的样子。借助这一意象，纳博科夫突破了小说与自传两类写作间的界限，让虚实结合，促进两种类型相异的文本相互渗透。

纳博科夫一生的跨文化历程同样是由不同色块拼贴成的彩色玻璃窗。从贵族到流亡者，在写作与翻译、教学与文学批评、艺术与科学之间，纳博科夫不断地穿越族裔、身份、地理、文化、艺术、科学等符号圈的界限。他从一个色块走向另一个色块，与新的思想对话、碰撞、转换、融合，让整块彩色玻璃版图不断扩张，色块越来越多，最终他的思想透过这些界限分明的色块，拼凑成一张完整的画面，形成其独具一格的创作风格。这或许就是纳博科夫的意图，透过彩色玻璃窗这一"取景器"，他想向读者呈现的是一个多元变化、色彩斑斓又不落俗套的世界。同时这也是纳博科夫小说读者的心愿：在他的小说中，探索一个五光十色、动态变化的世界！

5 结语

《玛丽》中拼贴与渗透的手法对于纳博科夫来说可能仅是尝试，但却对其后期创作有着较深影响，经过修改与完善在多部作品中有所体现。纳博科夫被美国学界公认为是对美国后现代主义文学思潮的形成产生过重要影响的人物，拼贴正是后现代主义作品中常用的技巧之一。后现代主义作家认为"世界是由片段、碎片构成的。文本在他们那儿不再是封闭、同质、统一的，文本是开放、异质、破碎、多声部的，犹如马赛克一样的拼贴"（何江胜，2005：96），这也恰好契合了洛特曼"多元、开放、动态、发展、差异、对话、不匀质"的文化符号学理念。

最终，纳博科夫又将彩色玻璃窗打碎，将碎片置入万花筒中，使《玛丽》呈现出一种"万花筒"般的艺术结构特质，能够随着阅读者的不断摇晃生成不同的图景，与来自不同文化、不同时期的读者产生交互。在《玛丽》中，无论是色彩通感、色系倒置还是色块拼贴，纳博科夫的目的都是想要推动读者不断地穿越界限，参与到意义生成的活动当中。正如博伊德所说："纳博科夫让我们认识到，他的世界不是现成的，而是当着我们的面在生成，我们参与创造越多——观察细节，将各部分联系起来，努力解决它们提出或隐藏的各种问题——这个世界就变得越真实。"（博伊德，2009：引言 11）从文化符号学的角度来看，艺术文本不存在终极的、固定的、完成的意义，而是开放的、多义的、衍生的，会因界限的穿越而变得多元，并在意义的衍生中得到永恒的生命力。

参考文献

[1] Belousova, E. On the Film Looking Nature of the Novel *Mary* by Vladimir Nabokov［J］. *Tomsk State University Journal of Philology*, 2017（47）: 88 – 99.

[2] Blatt, B. *Nabokov's Favorite Word is Mauve*: *What the Numbers Reveal about the Classics*, *Bestsellers*, *and Our Own Writing*［M］. New York City: Simon and Schuster, 2017.

[3] Connolly, J. Black and White and Dead All Over: Color Imagery in Nabokov's Prose［J］. *Nabokov Studies*, 2006（10）: 53 – 66.

[4] Cytowic, R. & Eagleman, D. *Wednesday Is Indigo Blue*: *Discovering the Brain of Synesthesia*［M］. Cambridge: The MIT Press, 2009.

[5] Harris, A. Glazing and Glossing: Stained Glass as Literary Interpretation［J］. *Journal of Glass Studies*, 2014（56）: 303 – 316.

[6] Holabird, J. *Vladimir Nabokov Alphabet in Color*［M］. Corte Madera: Gingko Press, 2005.

[7] Lotman, Y. *Universe of the Mind*: *A Semiotic Theory of Culture*［M］. Trans. Ann Shukman. London: I. B. Tauris & Co Ltd, 1990.

[8] Lotman, J. *Culture and Explosion*［M］. Trans. Wilma Clark. Berlin and New York: Walter de Gruyter, 2009.

[9] 贝兰托尼. 不懂色彩不看电影: 视觉化叙事中色彩的力量［M］. 吴泽源，译. 北京: 世界图书北京出版公司，2014.

[10] 博伊德. 纳博科夫传: 俄罗斯时期（上）［M］. 刘佳林，译. 桂林: 广西师范大学出版社，2009.

[11] 何江胜. 后现代主义文学中的语言游戏 ［J］. 当代外国文学, 2005 （04）: 97 – 102.

[12] 贾内梯. 认识电影 ［M］. 焦雄屏, 译. 北京: 世界图书出版社, 2007.

[13] 康澄. 文化及其生存与发展的空间: 洛特曼文化符号学理论研究 ［M］. 南京: 河海大学出版社, 2006.

[14] 洛特曼. 艺术文本的结构 ［M］. 王坤, 译. 广州: 中山大学出版社, 2003.

[15] 纳博科夫. 爱达或爱欲: 一部家族纪事 ［M］. 韦清琦, 译. 上海: 上海文艺出版社, 2013.

[16] 纳博科夫. 玛丽 ［M］. 王家湘, 译. 上海: 上海译文出版社, 2013.

[17] 纳博科夫. 说吧, 记忆! ［M］. 王家湘, 译. 上海: 上海译文出版, 2013.

[18] 谢明琪. 游戏与神性:《斩首之邀》创作的审美精神探索 ［J］. 外语与外语教学, 2019 （4）: 131 – 138, 150.

Collage and Penetration: The Multilayered Construction of Color Dimension in *Mary*

Cao Xiaojiao

(Changshu Institute of Technology)

Abstract: In his debut novel *Mary*, Russian-American writer Vladimir Nabokov ingeniously constructed two overlapping and interwoven temporal and spatial systems with vivid color contrasts. Within these two systems, numerous colors are not only pieced together like stained glass windows in a church but also break the boundaries between color blocks, permeating and interpenetrating with each other. This composition forms the multi-layered, ever-changing, and splendid color dimension of *Mary*. This article approaches the construction of the color dimension in *Mary* from three perspectives: synesthesia of colors, inversion of color schemes, and collage of color blocks. It explores how the author stimulates readers' imagination by facilitating the interconversion of senses, collisions between artistic forms, and transcending the boundaries of semiospheres, thereby enhances the visual artistic effects of the work, enriches the interpretive space of the text, and enables readers to transcend the constraints of the text, achieve meaning transformation and derivation. With the aid of the "viewfinder" of stained glass, it guides readers to construct a diverse, vibrant, and unconventional world.

Keywords：Nabokov; *Mary*; color construction; semiosphere

基金项目

本文为江苏省社会科学基金项目"纳博科夫创作的地理空间与文化空间研究"（20WWD001）以及江苏省高校哲学社会科学研究一般项目"纳博科夫小说的文化符号学研究"（2020SJA1415）的阶段性成果。

作者简介

曹晓娇，女，常熟理工学院外国语学院副教授，博士。主要研究方向为文化符号学、族裔文学。

译文选登

《意义，感性，真实》
亨利·卡蒂埃–布勒松：非–类属性与造型表达

安娜·埃诺（著）　怀　宇（译）

我请您和我们一起来关注一下亨利·卡蒂埃–布勒松（Henri Cartier-Bresson，1908—2004）的两幅照片：《华盛顿特区国会大厦》（*Capitole，Washington D. C.*）（1958）和《普罗旺斯，伊斯勒—叙尔—索尔格省》（*Province，L'Isle-sur-Sorgue*）（1989）。对于非专业人员来说，乍一看，这两张照片由于受其条件限制的可视性（几尊因边框未显示头部的硕大雕塑，水平面因过多难以分清的可视物而无法辨认），似乎可能是两张损坏了的底片。但是很快，任何专业摄影师都会被这两张照片的画面组合之完美形式所震撼，因为它们每一次都从视觉上依赖于一种单一的视角和一种概念的调整。在这两种情况中，感知符号学如何可以理解这些单一视角的造型转换并由此推导出一些补充的特定意义来呢？

1 《华盛顿特区国会大厦》（1958）

1.1　对于《华盛顿特区国会大厦》概要描述

这张谜一样照片的画面构成，建立在一种强烈的比例反衬基础上。

（1）近景暗淡和模糊（右侧），难以在视觉上把握，因为它就像被四根竖直的半截柱体所阻挡（不见地面，不见真实的视野，无法让人准确地和相比照地安排那些竖直的半截巨柱；这种竖直线条的阻碍完全切断了照片，组成了多个平面，最终失去了常识中的标记点）；

（2）后景清晰、明亮，且被两个精力充沛的正在阅读的微小人物所框定。这一明亮且布局细致的后景包含多条斜线，勾画出一种视角的渐远消失的没影点，并创造一种纵深效果。两位精力旺盛的人物是集中安排在雕塑底座之间的：一位处在照片宽度第一个三分之一的末端；另一位处在第三个三分之一的始端。我们要补充一点，这张底片的明亮情况于其自身就是一项技术创举：一种唯一的视角似乎就可以把握这两个人物，他们在处于近景逆光中的雕塑之间显得明亮且轮廓清晰。

图1　亨利·卡蒂埃–布勒松：《华盛顿特区国会大厦》（1958）
亨利·卡蒂埃–布勒松／Magnum Photos

　　这张照片水平的边框产生了一种张力，因为这种边框与重复出现的巨柱竖直特征不一致。在这些巨柱中，我们辨认出了一根光滑且闪亮的大理石立柱；另一根白色的立柱有沟槽且昏暗不清，上面有着涡形石灰岩装饰，还有两个台座，每一个台座上各有一尊非常垂直的人物雕塑。这两尊雕塑，一尊是白色的；另一尊是黑色的。两者都身披19世纪中叶时尚的男子大型毛毯外衣，都是用戴着手套的左手将其与身体隔开。然而，水平的边框因从雕塑上半身的中间取像而没有保留头部，因此便无法给出这两尊雕塑的名称，使其莫名其妙地成了匿名雕塑，而其出现的地方却被认为是展示纪念重要人物的场所。

　　当然，这里涉及的还是对称鲜明的竖直性，因为，尽管这种结果看重一种更为宽泛的视角，而非一种高视的视角（如果是另一种视角不大可能去掉头部，并且也会尊重场所的极端竖直性），竖直特征的造型同位素性（isotopie）是重复出现的：

　　（1）在近景中（图1），这种同位素性表现为光滑的大理石立柱的垂直线，它严格地与取景框的水平线呈正交状态。

　　（2）在后景中，竖直槽线与这根立柱和底座的脊线是平行的。

　　（3）黑色立柱的竖直线与平衡线，与这根大理石立柱的右侧边线相切。白色塑像也是竖直的，完全与大理石立柱和后景的沟槽同向。

　　（4）在有着人物肖像的后景中，很好地再现了另一根绝对是竖直的立柱，而在这根立柱上，清晰地看到了杰斐逊的修长身影。在这张照片高质量的复制之中，我们还看到大腿和身体的整个线条是如何勾画出一种陡立的竖直性，而这种竖直性也是与立柱相

114

切的。

这种竖直性既是突出的，也是被这张照片金色边框（因被悬挂而出现）的微微倾斜所反衬的，视角使这个边框真正地与微微倾斜带有沟槽的立柱形成了切分。

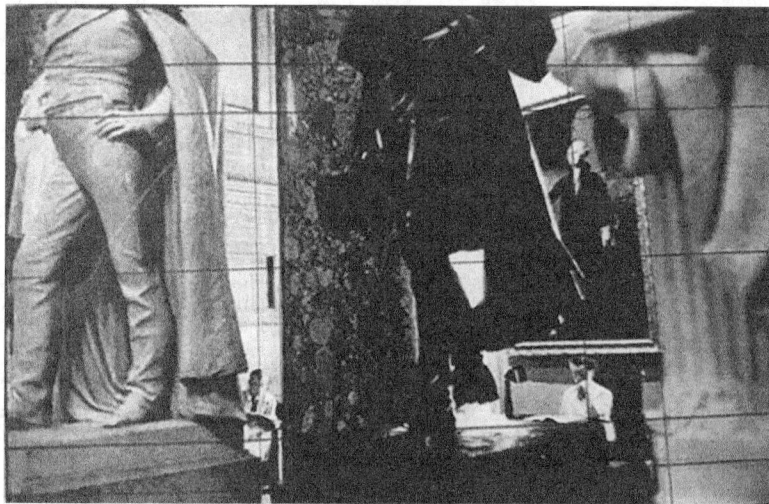

图2　《华盛顿特区国会大厦》的切分示意图

近景的构图完全建立在各种水平的平行性和垂直的平行性基础上，这些平行特征构成了某种可见的桁架（即网格）。实际上，一些突出点的大体排列已经勾画了与边框水平线相平行的一些水平线：这些突出的点，或者是那些底座和线脚的直角，或者是（后景中女读书人的）胳膊肘的锐角或钝角以及（那些雕塑或带沟槽的立柱的石灰岩柱头的）锐角或钝角，或者是膝盖或其他机体凸起部分的锐角或钝角。因此，差不多就是由膝盖所在的那条线组成的中间线最终把显示在后景肖像上的左手重新带回到了近景，致使这只远处的左手回归于那些雕塑的漂亮左手的可视聚合体之中。

第二张照片上的线痕局部地阐释了借助其他造型标志的画面构图。例如，底座那些高的凸起组成的线（从下部开始的第二条水平线）通过坐在后景中的女读书人的肘部，致使她不顾逼真性而像是依偎在黑色台座上面的角落里。在这同一条线上，另一种让人吃惊的偶合似乎关系到对于另一位读书人的安排，该读书人尽管在很远处，但在视觉上是与第一位女读书人相接连的。

近景是在大约高位线的三分之一处形成的（而且是在边框右侧的竖直线一多半处形成的），近景中的白色与模糊的多角凸起部分，被看出像是带有复杂的粗面岩石装饰物的一种立柱的柱头装饰构成成分（或是更为加工过的另一个台座的装饰构成成分）。但是，根据其白色巨大形体的蔓延程度，以及其与塑像的胳膊肘分布在一条线上来看，也根据画面整体边框是在白色和黑色的露出脚面的人像雕塑上去掉了头部等方面来看，这一岩石装饰的多角凸起部分在具备内涵意义的同时也承载着一种隐喻意义，这种意义将这种多角凸起部分也置于了胳膊肘的聚合体之中。

反观这种多角凸起部分所探出的饰坠的明显退化情况，因其与一些窄长的或暗或明的形式相切而继续显著地膨胀着，因为这些形式占据着后景肖像的右侧上面的角，而又进入连接这些名人下腹的线上。在这里，隐喻内涵仍然是更为明显的，因为现实视点的缺乏将它们排列在了一条笔直的直线上了，而强加给了台座上的占位者们一种不寻常的节奏感，而这些座台在现实中就像国会大厦的圆形建筑物那样也呈圆形的线条。

1.2　对于《华盛顿特区国会大厦》其陈述活动的符号学解读

到现在为止，这张照片似乎没有引起更多评论家们的注意，它似乎需要对其表达平面进行一种详细的符号学分析，原因是其表达平面具有许多值得关注的地方。我们来大概地说一下这种符号学解读：就好像亨利·卡蒂埃-布勒松在这里使用了建立在一种形象集合图形基础上的空间构图技巧，而这种形象集合图像的功能不再仅仅是在一个平面上建立和稳住一种舒适的可视性构图。这种审美考虑相对于一种更为复杂的认知考虑似乎是次要的，需要作这样的概述：借助于唯一的可见能指，如何在有着两个维度的一个平面上记录下多维度的精神关系呢？人们会想到这是在《最后的晚餐》上表达重大神学的和情感的关系的那一套严格的视觉和平面手段。由文艺复兴时期的画家们所发展形成的方法，在于借助于当时几何学家（勒内·汤姆［René Thom］）定名为非－类属性的视角来从几何学上个别地确定某些空间关系。

让·珀蒂托（Jean Petitot）借助于非－类属性（non-généricité）① 概念发展了这些可研究问题。因此，我们正是从珀蒂托那里借用了这些想法，按照他的观点，这些想法都是根据赫尔姆霍兹原理②建立起来的：在一个具有双维度的平面里，只有相交的线是稳定的，因而是类属性的。平行线必然是很费劲构建和维持的一种伪迹，它们是非－类属性的。同样，点的排列或线段的排列也是非类属性的。实际上，这样的排列在创造一种感知的弹出（pot-out）效果。赫尔姆霍兹原理的认知结果便是：一种非类属性的视觉事实，即一种毫无概率的事实，在感知上是凸起的。它的出现足可以个别地显示外在空间的关系，并赋予这些关系一种结构的意义：这样一来，可见性最终得以展示一种二等级意义，即某种非物质表现的和不可见的意义。几何学家根据从自然界借用而来的一种感知知识，又为其增加了一些需要关注的线和点，因为这些线和点是未必有的；这样一

---

① 可参阅《非－类属性作为文艺复兴时期的构图方法》（*La non-généricité comme méthode de composition à la Renaissance*）。

② 开尔文-亥姆霍兹机制（英语：Kelvin-Helmholtz mechanism），或赫尔姆霍兹原理，是天文学事件，发生在恒星或行星表面冷却的时候。冷却的结果造成恒星与行星的降压，并且以收缩来补偿。这种收缩，相对地加热了恒星/行星的核心。这种历程在木星和土星，还有核心温度不够高、不足以引发核聚变的褐矮星上非常明显。估计木星就是通过这个机制才使其释放出比从太阳吸收到的能量更多的能量，而土星释放的能量是它从太阳吸收的能量的 2.5 倍。——译者注

来，便需要出现一些产生自反意义的痕迹。

在能指平面上，照片《华盛顿特区国会大厦》是对于这种原理的一种令人印象深刻的体现。实际上，这张引起争议的底片借助于其技术品质，既无可争议地肯定了陈述发送者的天才和对于摄影能指的掌控能力，也深思熟虑地否定①了借助这种视角有可能让人看出的东西。这样一种形式上的完美性，由于被一种通常是不相宜的和如此显示的边框所不相容，而是一种很强的表达行为，在现在的情况下，该表达行为让我们想到了词语讽刺的文体学方式②：词语讽刺要求很好地掌握语言学编码和具备在所有的语域正确地操作语言的各种层级的能力。这就涉及一种意愿性的和完全精神性的谓语行为（A. J. 格雷马斯在此谈到了"脱离"［débrayage］③）。该行为完全有别于在一种或多或少受到伤害的情绪控制下形成的一种感性的陈述活动，也有别于一种非词语化的被感受状态④，该状态使得"分开的"表达变得不可能，而这种表达与我们在《华盛顿特区国会大厦》的构图中刚才看到的那种表达别无二致。

因此，《华盛顿特区国会大厦》在陈述活动平面是一种"冷的"、完全"脱离的"陈述活动的很好例证，而借助于这种陈述活动，判断、评估和沟通信息都可以从视觉上得以表达。亨利·卡蒂埃－布勒松 2003 年的摄影集⑤在赋予他一种环境、一种可视背景的同时强化了这张照片的讽刺性；这种可视背景在主题上是相当让人讨厌的，并且对于传统的、老龄的和沉思的美国来说完全是持批评态度的。这种组合关系上的选择是与摄影集《美国在悄然之中》⑥ 所创造的背景相反的，而在那个摄影集中，1958 年的那张底片不是讽刺性的，而是更为盛气凌人的，因为那张底片被"沃尔多夫广场酒店初次参加社交活动的少女们的舞会"（Bal des débutantes au Woldorf Plaza Hotel）（纽约，1959）、被内华达州里诺市（Reno，Nevada）（1947）的一处游戏大厅和"在拍摄约翰·休斯顿（John Huston）的电影《格格不入》"（The Misfits）中的玛丽莲·梦露（Marilyn Monroe）的闪耀的、更可以说是惬意的图像所包围。

---

① 视觉符号学总是摆脱不了这样的问题：摄影是不是可以否定呢？实际上，亨利·卡蒂埃－布勒松的作品包含不少否定性照片，就像这幅照片一样。

② 这些方式，我们过去曾经在《关于讽刺》（A propos de l'ironie）一文中作过探讨和概括的说明，见于《应用语言学研究》（Études de linguistique appliquée, 22, 1976）。也请参阅安娜·埃诺和莫妮克·卡拉曼（Monique Calamand）合著的《特定话语入门——讽刺在报刊文章和文学文本中的标志》（Initiation aux discours spécifiques. Les marques de l'ironie, de l'article de journal au textes littéraires, BELEC, 1974）。

③ 参阅 A. J. 格雷马斯和 J. 库尔泰斯合著的《符号学：言语活动理论的系统思考词典》词条 "脱离"（Sémiotique. Dictionnaire raisonné de la théorie du langage, Paris, Hachette, 1979, S. V. «Débrayage»）。**译者补注**：按照格雷马斯的理论，"脱离"是一种"陈述活动"的操作过程，陈述活动借助于这种操作，"从自身分离出、投射出某些与其基本结构相联系的词项，以便构成陈述活动的奠基性要素"；借助人称的改变可以实现"行为者脱离"，借助时间的变化可以实现"时间脱离"，借助行为空间的移动可以实现"空间脱离"，而在每一种"脱离"内部，还可以做更为细致的划分。请参阅上述词典的中文译本，天津百花文艺出版社，怀宇译，2020，第072—073 页。

④ 关于激情符号学中的感受/被感受概念，请参阅安娜·埃诺《能够就像是激情》（Le Pouvoir comme passion, Paris, PUF, 1994）。

⑤ 亨利·卡蒂埃－布勒松：《关于什么？》（De quoi s'agit-il?, Paris, Gallimard/BnF, mars 2003）。

⑥ 亨利·卡蒂埃－布勒松：《美国在悄然之中》（L'Amérique furtivement, Paris, Éditions du Seuil, 1991, p. 86）。

2 《普罗旺斯，伊斯勒—叙尔—索尔格省》（*Provence*，*L'Isle-sur-Sorgue*）（1989）

这张照片在这位艺术家的生涯中完成得较晚，它使用了完全不同的一些视觉手法，特别是不同于使其获得结构的强烈反衬法。

图3　亨利·卡蒂埃布勒松：《普罗旺斯，伊斯勒—叙尔—索尔格省》

描述 I：

这里的底片再现的是一处自然景观，其中心位置被一个白色的非常明亮的大长方形占据，从那里出现了一些不可知和数不清的微型垂直身影，也是白色的，有大有小，严格地平行排列。长方形就像是一个漂浮物斜斜地"嵌在"水面上，几乎占满了底片的全部表面。这种几何图形，在特写摄影的情况下，是笔直的，但在局部上看得出它被后景直角处变化不定的黑色斑点掩盖着。相反，在近景中，几乎从正面就可以看到下面的直角痕迹十分确定，并与底片下面边缘相切，几乎是与其中间部分相切。这个长方形右侧的上角，从斜视角度看，它真正地与底片的右侧垂直边缘相切，痕迹确定，但不是很清晰，因为在近景的雪白处是一片模糊的灰色。这两个明显的点位把图像与其边框牢牢地结合在了一起，并为这一漂浮的和本质上是转瞬即逝的几何图形提供了稳定性。

如果我们从边框的左下角到右上角划一条对角线并因此出现两个三角形的话，那么这张照片的本相特征就看得很清楚。

这两个长三角形之间明显地出现了对立：

（1）上面的三角形展示的是一组曲线，勾画的是一些黑色的形状，而这些黑色形状会根据照片洗印的质量而较大地改变价值。如果洗印得很黑，那么，这些形状就变

118

暗，从而让人想到一些"不规正的"树桩，整个景致就变成了悲剧性的；如果洗印倾向于单灰色效果，那么，这些曲线形状就被感觉像是一些凸起的和舞动的植物。但是，不管怎样，白色长方形的边缘都显得模糊，影影绰绰地有着无数弯曲的线条，或者像是被淹没在一些黑色抓痕之中。

（2）下面的三角形被白色长方形的直线几何图形所占据。这种外在形象恰好由一个清晰和连续的边缘所确定，而这个边缘依据倾斜的视点又勾勒了一个平行六面体的两个直角，另外两个角由于潜在地属于上面的三角形而模糊不清，也就是说不在范围之内。

这个白色长方形的右侧长边承受着多种竖直的线痕，它们是白色的、朦胧的、不连续的，它们是一些白色点的堆积，勾画了几处严格地讲是竖直的羽饰图案，因为所有的羽饰图案都平行于边框的竖直边缘。这些外在形象似乎是从在水面勾出的长方形白色物质上突显和脱离的；但是同时，这些外在形象中的某些形象像是在白色长方形下面继续延伸成灰白色点迹的线性排列，而这些排列均向着同一个竖直方向，该方向又平行于边框的边缘。

实际上，不大可能来确定这些小小竖直的和非常白的形体是否具有某种实质，不大可能来确定它们是不是纯粹的光线或是不是水生植物在水面或水下按照平行排列而外露的一些枝条。

在近景中，那个直角的白色强烈，边缘清晰，被无数平行竖直的短线赋予了节奏感，并与这张照片下面边缘的中间几乎相切，因此这个直角便显示出一种本相的和色彩的强烈反衬。我们前面说过，这种反衬以其黑色的、模糊的和无序的无法辨析的对立也是一种施事反衬。实际上，这个真正地是几何图形的角，在其身影上带着这个场景中的唯一生物，即一只很小的鸭子，其两只黑色的脚与白色长方形角的左侧短短的边缘相切，而它的几乎无任何突出部位、因此在大大的白色平面被勾画成色彩均匀又清晰的身影，则沿着这个平面长长的右侧边缘方向延伸。小鸭子以非常有风格的马蒂斯（Matisse H.）的一种剪纸的方式，并且于平面最为白色的部分上以极为可见的方式在那里待着，但是它的头部轮廓是一种很小的恰好也是黑色的、匀称的，而且也是具有活力的形式。是不是有一股可能的泉水在向这种有活力的物体提供可能呢？

一种可见的节奏，便在上面那个跳动的、暗淡的、不规则的三角形与下面那个安排有序的、富有风格的、并不真实存在的三角形之间建立了起来，而在下面的三角形上则浮动着某种期待和神秘。

在形象上，那个满是扭曲形式（或舞动）的系列，由于占据着这个长方形的上部边缘，则被理解为像是在作为有机形式的水中映现的一排树木，它们可被理解为像是真实自然界中的固体成分，其边框并不能让人看出全部高度，而在近景中，下三角形的所有几何形式、所有的不管是水平的还是竖直的严格的线性排列，因其都难于得到解释，所以采取了一些表现为大概的和有点超自然的要素的形态，它们就像是呈悬浮状态，令人惊奇地处于一种特殊的时刻和一个特殊的场所。

这张照片的构成和其丰富的标记，呈现了这样的情况，即乍看起来，很多人都不敢肯定地认为其是一张普通的照片，而是考虑它是否更像是一幅素描，甚至是否为采用中国水墨技法的一幅绘画作品。

描述Ⅱ：

我们刚刚的描述，只是根据我们的视觉感知进行的，它遇到了一个技术难题：这样的底片是如何拍成的呢？有人开始猜想是采用了某种人为手段，可是亨利·卡蒂埃-布勒松历来不允许自己拍摄人为场面。在他看来，摄影可以否认、可以拒绝、可以驳斥、可以取悦，但他禁止自己作假和撒谎。这里说的不是一种不可能性，而是一种原则。他的作品汇编位于像是迈克尔斯（Michals）那样的一位摄影家的作品汇编的对立面①。他肯定是一位狩猎采摘人（chasseur-cueilleur），他在"抓取"那些自愿提供和难得提供这样客观的视觉偶然性的照片（完全适合于长时间以来他的超现实主义感觉），并且他搜寻和懂得在真实时间上根据意义要求去捕捉。

我们无法不为获得这张底片的方式提出一种设想。我们对于"嵌入"水平面上的白色长方形找不到答案。那该有多大的玻璃镜面才能将其反光投射到这个小小的天堂般的自然角落啊？而在这个角落里，无任何假象，无任何人为的建造痕迹让人看得出来。太神秘了！相反，那些羽饰，即那些非常光亮的形式，它们在这个白色长方形上直立，有可能借助于一些特别的视觉关系来得到解释，例如借助于双重视点之间所产生的效果，一种视点是倾斜视点，该视点以对角线来勾画白色长方形，并陪伴着水流的缓慢动作（这种动作是由后景的折纹和抓痕显示出来的）；另一种视点是正面视点，该视点固定在了鸭子身上，固定在了显然是向着近景中处于外景的太阳而竖立的白色羽饰上。

我们使用过的这张照片的三张拷贝，分别取自《摄影师》②、《关于什么?》③ 和《萨姆、利莱特和塞巴斯蒂安·撒富兰合集》④。最后洗印的一张，反衬很弱，去掉了许多在《摄影师》中可以看得出来的层次。不可思议的是，这种在 2005 年定影的较差清晰度也同时去掉了超自然性和神秘效果，而让位给更为平庸的一种抒情性感觉。白色的

---

① 见玛利亚·吉约利亚尼·东德罗（Maria Giulia Dondero）对于这幅作品的分析（《摄影图像中的神圣：符号学研究》，*Le sacré dans l'image photographique. Études sémiotiques.* trad. Franàois Provenzano, Paris Hermès science Publications-Lavoisier, 2009, p. 195 – 218）。

② 亨利·卡蒂埃-布勒松：《摄影师》（*Photographe*, Paris, Delpine, p. 60）。

③ 亨利·卡蒂埃-布勒松：《关于什么?》（*De quoi s'agit-il?*, op. cit. 2003, p. 71）。

④ 达尼埃尔·马尔谢索（Daniel Marchesseau）著《亨利·卡蒂埃-布勒松》（*Henri Cartier-Bresson*）中谈《萨姆、利莱特和塞巴斯蒂安·撒富兰合集》（*Collection Sam, Lilette et Sébastian Szafran*）一节，Fondation Pierre Gianadda, Martyniy, 2005, p. 177。

羽饰失去了其带有微型间歇喷泉的竖直特征，而在水面上似乎变成了平平的。这种白色突现的效果真的不再有了，它不可阻挡地从我们无法知道的深渊底部开始奔向了蓝色天空。这种较差清晰度也去掉了由视觉捕捉到的大部分几何效果。因此，我们更喜欢1992年和2003年洗印的更为诱人的照片。

我们来做一种假设，该假设有可能将这样一张底片自然的和主动的完成情况变得可以理解，该假设可以让我们观察到其边框在使一种视角变成了轻微的仰摄；摄影师那年81岁，当时肯定是跪在了岸边，而且是让镜头聚焦在了白色的长方形和近景的鸭子身上了，这样一来，便舍弃了位于后景中的树木上方，但是这也突显了长方形上面的白色羽饰和竖直线条的舞动，以至于我们可以在水流的深灰色区域把它们看成水生植物。

所采用的视觉角度，在于可以在右侧的近景中突出地显示另一岸树木上方枝叶的反光，因为边框截断了树木在太阳照射下肯定是非常明亮的树冠部分。这些反光被投影到如镜的水面的左侧各处，在那里，于玻璃面的反光投影之外又出现了一缕交叉的光亮，这便是长方形呈现漂浮状的起因。于是，底片中心位置更为明亮的自然光便在细小枝叶的反光上印上了一种凸起效果，这种凸起比后景中树干之间较大的自然亮点更为清晰。于是，我们认为在水面上看到的从下至上升起的羽饰，便可能只是由树木顶端的枝叶从上至下在几乎不动的水面上投射的光线。不管是什么，在空中截取的这一时刻的光亮所提供的这种安排，创立了一种感知突显效果，以至于目光很难不去把人的推理强迫其承认是普通反光的东西看作突显效果。

借助于这些构图动作（这些动作大概是快速的和本能的，因为它们被带有特殊的和美的视觉效果的一种持续期待所驱使），艺术家获知这张底片在传递情绪，并有可能只是一堆阴影和一些从上至下被投影到城市周围水域的或多或少是枯枝和或多或少是暗淡叶片的反光活跃起来。

为选取这样的视角而采用的角度产生了从下至上突然出现的这种神秘效果，亦即这种真正的感知弹出（pop-out），可以比之于曾经引起让-珀斯托和那些感知理论家们注意的那些效果。1989年的《普罗旺斯，伊斯勒—叙尔—索尔格省》照片，因被一种强烈的造型直觉所激发，并秉持把所有那些反光的物质原因都弃置于域外的一种非类属性视角，而借助于捕捉一种短暂的反向视觉效果成了一种少有的和崇高的表达。

2.1 另一种视觉陈述活动

这张照片，在亨利·卡蒂埃-布勒松生前摄影集中经常被重印，它属于绘画中的"睡莲"（莫奈）体裁。它的特点还表现在有多种关系可引起视觉上的惊讶，这些关系以后来的当代艺术家如菲利斯·瓦里尼（Felice Varini）或乔治·鲁斯（Georges Rousse）等所系统地挖掘的方式从技术上对于能指做了加工。不过，我们说过，亨利·卡蒂埃-布勒松在这一方面并不是系统性的。他坚持他的摄影作品是"被捕捉的"，而不是被制作的。抓拍这些作品的行为，每一次都将他自己转换成了一种感光片、一面镜子，而那些作品则蜂拥而至，无需他做什么操作。去除个人（ego）是一种连贯的作态；这种作态为真正感性的表达赋予了特点，这是身体—心—想象的真实言语，这种情况每一次都发生在被触动的情绪之现时的和实际的主导下真实产生的一种表达。这样的表达并不建立陈述活动借以逃离这种主导的一种心理距离。依据符号学的元语言来说，这种表达并没有"脱离"。相反，正像格雷马斯和库尔泰斯 1979 年所说的那样，在"脱离"的情况下，对话者放弃他自己的情绪混乱，而担负起和将自己变成陈述主体，同时在自己之外投射一种"现在—我—在这里"——严格地讲正是这种表达方式在"承担"言语①并使其可以用词语来表达这种混乱。言语治疗法或其他情绪疗法（Gafühltherapien）所瞄准的正是这种拯救性的"脱离"；大多数艺术家强烈地拒绝这样做。

在所指平面上，这张照片在其流动性方面是得到很好建构的，它唤起和传递给人一种与自然界轻快通融的诗意情感②。它有可能是一种有着紧张冲击的时刻，某种程度上像是被日常琐事所左右；像是对于谚语"快乐得像是水中的鸭子"的戏谑说明，而上升光线的崇高释放以某种令人吃惊的装饰效果在围绕着鸭子。

为了把对于如此被意味的东西的描述推得远一些，我们就该对于署名为亨利·卡蒂埃-布勒松的多张其他照片进行一下比较，因为在那些照片中，我们会相信看到了一种相似的造型词汇：一些绝对白色的小小身影的出现，那些小身影都是竖直的，上升姿态的，通常由不连续的痕迹和一种不确定的物质性所构成；那些身影可以显现为在一种向上的大动作中拍摄的一些羽毛（图 4），或者像是由光线转变成的同一方向的一些植物（图 5），或者被显现为另外一种不确定的白色实质（雪，水，天空，布片，白色的纸张等）——请参阅例如田园诗《在植物园》（*Au Jardin des plantes*，1974③）或是最不正经的《我的床》（*Mon lit*，1965④），它们没有被重印，但在情绪表现方面与《普罗旺斯，伊斯勒—叙尔—索尔格省》（1989）一样吸引人。我们在这里只能指出其中两张照片非常突出的特征。

---

① 让-克罗德·科凯（Jean-Claude Coquet）的全部著述非常明确地阐述了这一点。
② 可与加斯东·巴舍拉尔（Gaston Bachelard）在其著名的著述《水与梦：论物质的相像力》（*L'Eau et les rêves. Essais sur l'imagination de la matière*，Paris，J. Corti，1942）、《空间诗学》（*La Poétique de l'espace*，Paris，PUF，1957）、《梦的诗学》（*La Poétique de la rêverie*，Paris，PUF，1960）中所聚集的内容作一下比较。
③ 亨利·卡蒂埃-布勒松《萨姆、利莱特和塞巴斯蒂安·撒富兰合集》（*Collection Sam, Lilette et Sébastien Szafran*）一章，p. 121。
④ 亨利·卡蒂埃-布勒松《摄影师》（*Photographe*，同前，p. 152）。

图 4　亨利·卡蒂埃－布勒松：《印度，泰米尔·纳得邦》（*Tamil Nadu，Inde*）
亨利·卡蒂埃－布勒松／Magnum Photos

2. 2　《印度，泰米尔·纳得邦》（*Tamil Nadu，Inde*）

或者说是绽开的光线旋风吧，它是由斯里拉马纳·马哈里希（Sri Ramana Maharishi）一地的一只尾部开屏的孔雀变成的状态。它现在仅仅是一种上升的螺旋（靠近地面部分是绒毛丰满的，并且在上升的过程中越来越呈半透明状），而在一种说不清的客观偶然性之中，它在一种恰好的时刻即"这位精灵的主人离开它最后展现的"时刻被拍摄了下来（见根据亨利·卡蒂埃－布勒松在这张照片于《慌忙之际的形象》①　中第一次被发表时为"说明起因"而增加的长篇说明）。这位摄影师为这张照片所附加的长长的可参照的评论表明，他个人对于这种巧合——更可以说对于这种漂亮的形象与他有幸以自己的拍摄举动而将其记入历史的神秘事件之间的超真实的这种共时性——是多么的颇有感触啊。一些可以相比的事件（为甘地拍照和其他场合）就这样指引了亨利·卡

---

①　亨利·卡蒂埃－布勒松《慌忙之际的形象》（*Images à la sauvette*，Göttingen，Steidi，2014）。

蒂埃－布勒松这位摄影师的道路，并且他从不隐藏这些事件对于他是多么的深刻与重要。在这张照片上，身材和姿态的比例失衡，以及后景中凝视的人群与斯里拉马纳更为白皙的白色孔雀所展现的固定开屏状态之间的比例失衡，表明了与这一绝对时刻的超自然之美相联系的一种神秘快乐。这些从超现实的共时性中产生的形象之多样化本身，就可以单独地是能够被摄影能指所解释的一种情绪目录。

2.3 《特里亚德在其花园中的身像》（*Le portrait de Tériade dans son jardin*）（圣让－卡普－菲拉，1953）（Saint-Jean-Cap-Ferrat）

我们要对发表在《单独会面影集》（*Tête à tête*）① 中的《特里亚德在其花园中的身像》照片花一点时间：这些半透明的南方植物不再是一些简单的枝条；它们在变成白色的光亮羽饰，陪伴着这位正在沉思的男人身影，映衬着这位全心付出的朋友，正是他让亨利·卡蒂埃－布勒松成为艺术家。身体、肘、膝盖，部分地处在照片之外，它们集中在一起，以至于只占据画面构图的左侧下方三角形的左下位置的一个角落；面孔和手舒展为扇面（图5）。

图5　亨利·卡蒂埃－布勒松：《特里亚德在其花园中的身像》
亨利·卡蒂埃－布勒松/Magnum Photos

---

① 亨利·卡蒂埃－布勒松《面对面，身像》（*Tête à tête. Portraits*, introduction de E. H. Gombrich, Paris, 1998）。

124

这些裸露的肉体部分均呈圆形，均显匀称，破坏了照片的近景，而在这一面孔—身体—手的组合体周围，半圆形的纯粹光柱几乎填满了底片右侧的三角形。唯有这个"作品形象"在亨利·卡蒂埃–布勒松的术语中才值得被称为"特里亚德在其花园中的身像"，而许多特里亚德的其他照片，虽然更具"参考性"或更具"史料编辑价值"①，却更多地分散了特里亚德的身体姿态。这是因为这样的抓拍比其他方式更承载着冲力和情绪。在这张照片的神采飞逸之美中，它表达的是一种慷慨的、浓浓的、密密的、丰满的喜悦，这种喜悦在"我非常感谢的特里亚德"周围洋溢着（这是许多年后亨利·卡蒂埃–布勒松在赠给他的另一位艺术家朋友萨姆·撒富兰［Sam Szafran］的另一张特里亚德照片上写的赠言②）。

2.4 表达平面，非－类属性与其他

我们看到，非－类属性（non-généricité），更为宽泛地讲是得到很好汇编的多种"构图技巧"，例如没影点（point de fuite）在一些策略地方上的特定位置的出现、对于外在形象安排的正常几何图示（圆形外形、三角形外形等），在涉及区分摄影的陈述活动之多样性的时候，它们并不是唯一需要过问的。对于视觉规律或多或少地了解所产生的各种图形的特征，例如我们刚刚提及的那些特征，都根据由不间断实践所获得的技巧自动性而接近摄影的能指。它们可比之于一种长时间对能指/语言的掌握在一位作者的书写上产生影响的方式。这恰恰就是对于技巧的掌握在被激动和激动性表达之中的表现吧？

符号学态度在于让每一个人都习惯于去想到，在文本上建立的平面，也就是图形的过渡时间，仅仅是陈述活动过程最为表面的一种层次。因此，我们也知道（而且，梅洛–庞蒂用了许多纸墨曾经强烈地这样解释过），为产生一种真正说明问题的对象，即一种不带有颠三倒四之意义而带有"可论证"之意义的携带者，对于能指的高水平掌握所产生的多种证据，既不在文学书写中，也不在个人的书写中，还不在摄影书写中，更不在对于一种视觉能指的操作之中才能表现充分。

于是，我们从经验上知道，陈述活动的力量存在于一些更为深刻的层次上，或者是在显性的谓语智力能力方面，或者是在由艺术家、绘图人、雕塑家或游说者（diseur）③的感觉和（或）想象力的各种特定性所激发的属于前谓语的感性能力上。不幸的是，

---

① 该表达方式取自让–马利·弗洛什（Jean-Marie Floch）《印记的形式：博兰特，卡蒂埃–布勒松，杜瓦诺，施特格里兹，施特兰德》（*Les Formes de l'empreinte. Brandt，Cartier-Bresson，Doisneau，Steeglitz，Strand，Périgueux*，P. Falanc，1986，p. 17–20）。

② 参阅达尼埃尔·马尔谢索（Daniel Marchesseau）著《亨利·卡蒂埃–布勒松》（*Henri Cartier-Bresson*）中谈《萨姆·利莱特和塞巴斯蒂安·撒富兰合集》（*Collection Sam，Lilette et Sébastian Szafran*）的一章，同前，照片74，p. 111。

③ 浪漫派作家说："拍一拍你的心，天才就在那里。"人文科学的上升改变了对于这些问题的探讨，但并未改变在一个干瘪的核桃与一个给人饱满感觉的核桃之间做出区别的东西。

在实践中，意识到这些事实并不意味着，符号学家在今天已经可以成功地划分（索绪尔使用的是"分类"）那些重大陈述活动范畴的深在图示了，而那些图示则可以解析和指明在人类创造（科学家阿基米德［Archimède］的真正演绎推理，拉兹洛·莫霍利·纳吉［Làszlo Moholy Nagy］的视觉创造习惯，佩里克莱斯［Périclès］的伟大政治决策，等等）各种领域中一种真正被感受的、因此是新的表达方式的全部特征。

就像我们刚刚指出的那些简单的观察一样，要求我们把上面提到的三张照片看作多种感觉和情绪的印记形象。"被捕捉的照片"①倾向于像是（个人的或地区的）一种肖像：以"纯粹的目光"，也就是说无任何理论先决条件②，"特里亚德肖像"，斯里拉马纳·马哈里希白色孔雀底片，还有这个上面有"伊斯勒—叙尔—索尔格省"水面鸭子的大长方形，它们都像肖像那样使人激动。在所有这些情况中，一个正好位于中心的很大的光亮平面结合起和凸显着、按照等级地区分着这些视觉对象之构成部分的多样性，而这些对象则带有艺术家与模特之间深刻的情感配合。

确实，"伊斯勒—叙尔—索尔格省"这张照片的构图并非报道文字中的快镜摄影的构图；它的构图从读者方面涉及一种困难的解析和一种"迟缓的范畴分类"；它恰恰属于让–马利·弗洛什（Jean-marie Floch）确定的与报道文字的"参照性风格"相对立的"间接风格"（style oblique）；而在让–马利·舍费尔看来③，他在继利亚姆·赫德森（Liam Hudson）之后指出，在卡蒂埃–布勒松的作品中有一种"分散性认知风格"④，它对立于非常平稳的和非常浪漫的"汇聚性认知风格"⑤；舍费尔最终把"卡蒂埃–布勒松的艺术"的特定性确定为"在模仿性浸没与画家视觉之间复现的一种摆晃动作，因此，事实是，我们面对他的一些照片时，总要不停地变化着对于视觉信号的处理

---

① 这是亨利·卡蒂埃–布勒松在给萨姆·撒富兰（Sam Safran）的另一次赠词中使用的用语。见达尼耶尔·马尔谢索著《亨利·卡蒂埃–布勒松》中谈《萨姆、利莱特和塞巴斯蒂安·撒富兰合集》一节，同前，2005，照片121，p. 165。

② 作为摄影体裁的肖像越来越在符号学方面得到了研究。我们请大家参考这些数量很多且具有很强提示性的出版物，大家会在其中看到一些证据（我们在此不去赘述），而这些证据使我们认为，在1989年的这一天，亨利·卡蒂埃–布勒松从这个场所、从这一时刻和从其自身，在同一种机会之下真正地"获得了肖像"（这是他非常喜欢的一个用语）。

③ 让–马利·舍费尔（Jean-Marie Schaeffer）：《关于亨利·卡蒂埃–布勒松的一张照片》（À propos d'une photographie d'Henri Cartier-Bresson），见于安娜·卡蒂埃–布勒松（Anne Cartier-Bresson）和让–皮埃尔·蒙捷（Jean-Pierre Montier）（dir.）合著《再见亨利·卡蒂埃–布勒松》（Revoir Henri Cartier-Bresson，Paris，Textuel，2009）。

④ 这个很普通的概念源自认知，而非源自对于一些视觉表达之技巧的观察。

⑤ 按照让–马利·舍费尔的说法，"被叫作'汇聚性的'是一种认识风格，该风格的特点是倾向于减弱存在于再现活动与需要推动对所进行的那些认知处理的一种很快的连贯结论之间的各种张力"。这种风格统一"很快地靠近一种组织机制和一种稳定的范畴分类。""分散的"风格的特点表现为一位个体承担迟缓范畴分类的能力。在感知的情况里，范畴分类越是迟缓，所获得的前谓语性感觉信息就越是增加，而感觉性就越完全是实现性的。对于被处理的信息的认知承载就变得越重要，而范畴的不确定性的时间也就越增加。在带有实际介入的各种情况里，汇聚性风格在错误的情况下就成了风格。相反，带有探讨性本质的各种情况（例如在科学领域或艺术领域）则看重"分散性风格"。参阅利亚姆·赫德森《相反想象，英国男生的心理学研究》（Contary imagination. A psychological study of the English schoolboy，London，Methuen and Co.，1966）。

方式"。

为了这种通常的可以验证的总体看法，我们的全部努力倾向于在一种像《华盛顿特区国会大厦》（1958）中的脱离的谓语陈述活动与像《伊斯勒—叙尔—索尔格省》（1989）中的前谓语性陈述活动即主动的和"被感受的"陈述活动之间，增添一种更为明确的区分。当然，对于这最后一张照片的总体理解，在一种一致性的解释中，并不像对于在《华盛顿特区国会大厦》的理解中那样容易地得到稳定；但是，由于这张照片非常难于最终地把握和难于肯定地解析（或者甚至可能借助于这种"复现的摆晃动作"也无法解析），《伊斯勒—叙尔—索尔格省》保留着一种来自实际经验和自发性的美丽与香气，它们都在证实这张照片并非一种纯粹的电脑创作，而是可比之与格雷马斯在《激情符号学》（*Sémiotique des passions*）一书开头几页所提到的内容的一种身体/心/想象的言语活动。

一种"分散的风格"，在照片所提供的认知平面上，并不必然涉及自我表达的愿望和所需要的一种摆脱即"脱离"。它也可以很好地对应于与艺术家最为原发性的感觉所固有的一种反射性（tropisme）。我们似乎可以说，那一天，亨利·卡蒂埃–布勒松"捕捉到"了大自然亲切赠送的一位亨利·卡蒂埃–布勒松。他的朋友们都曾证实这种意外的收获让他获得快乐与满意。

每一个人既可以感受到这张照片深在的一致性，也可以感受到带有完成这张照片的摄影师之感觉的这种深刻的表达，这种表达既无语言也无概念（在把俘获时刻当作某种在这个场所体验的某种放纵的感板［plaque sensible］的同时）。非符号学家，只要其具备直觉，都会感知到这一点①。

图像符号学家也感知到了这一点，但尤其是直觉地感知到，他对在理论上面对属于这种现象的一些创作时总是束手无策感到扫兴，因为这种现象到目前为止一直是符号学所破解不了的，而且它因为属于精神因素生理病变是一种连续性的造型表达方式。

今天得以明确的是，除了我们可以在《华盛顿特区国会大厦》（1958）和《普罗旺斯，伊斯勒—叙尔—索尔格省》（1989）中指出的几种形式上的相似性（这些相似性源自这位摄影师的自发"间接"风格）外，这里似乎必须进行的分析过程不能等同于《华盛顿特区国会大厦》以其非常明确和有区别的有意构图所要求我们做的那种分析过程。在这种得到很好计算和承载的集合体中，我们毫无困难地标记下了对于构图的完美把握，也标记下了带有轻微讽刺的意愿（与那些无知幼稚的玩笑接近），那些意愿在这位极端自由主义且经常是不正经的艺术家那里是经常性的，每当他面对一些所谓"这个世界的大事"的刚性表现时都会这样。在构成我们对于《普罗旺斯，伊斯勒—叙

---

① 例如让–诺艾尔·让纳内（Jean-Noël Jeqnneney），他是 8 篇论述和解释《关于什么？》一书的短小文本的作者。同前，p. 10。

尔—索尔格省》的微观素材的三张照片的情况中，被拍照的对象是人形的或不是人形的都不重要；从一张照片到另一张照片，有肉体或无肉体也都不重要：

（1）《特里亚德肖像》，1953年，是对于善良的慷慨之人的一种几乎是容貌变化（quasi-transfiguratin）的展现；

（2）斯里拉马纳无瑕疵孔雀的白色旋风展示的是越来越洁白并与亚洲的灵性相协调的一种身体管控的形象；

（3）那个微型的鸭子图形在下面水平边缘的几乎是中间位置上勉强可以看到，这个图形是单色的、纯粹身影式的、无形体感的，就像是马蒂斯的各种剪纸，即便它是有生命的和贪吃的。因此，在1989年，视觉就变成了在幻象与超自然之间的一种身影，我们当时非常难于想象；那有什么重要性可言呢？一种普遍的倾向性浮动在这张照片的表面上；这种倾向，在提供看的全部东西，包括后景中的弯曲树桩，还有鸭子与平静的白色水面或是源自近景的白色长方形梦幻般的光亮喷射之间，它们以等同的方式得到了分配。多种有区别的视觉线条表现为像是一种和谐状况，毫无不协调的真正对立。一切就像是这三张照片是由特定的期待态度所协调过的，而这种态度为它们中的每一张都赋予了特征。我们继续使用让·珀蒂托的话来说，我们要说，这些感知的突出点遇到了卡蒂埃–布勒松赋予了其风格化的一种陈述活动性完型结构。

在这一切之中，重要的是，陈述活动的变化只在通过一些总体比较时才被感知到，因为这种比较使得存在于各种陈述活动态度之间的反衬性变成可感知的了。在我们小小的素材中，有三种得到感受的快乐相互区别，而且在视觉上可见，例如：

（1）围绕着特里亚德，展现的是具有深刻内涵的体现友情认同的快乐；

（2）对于斯里拉马纳白色的孔雀，有着一种对于其洁白之美的神秘快乐；

（3）有着一种充满稚气和感激的快乐，这种快乐是由以形体惊异呈现的平静而丰满之美所唤起，并由一个小小的自然角落所提供。

显然，这三张照片抗拒着一种谓语性陈述活动所应有的不连续性，就像在作品《华盛顿特区国会大厦》中的陈述活动一样（就像在卡蒂埃–布勒松的其他那些显性的和故意戏弄人的底片中那样，例如乔治六世在伦敦登基的那些著名的报道性照片，而特别是《特拉弗格广场，乔治六世登基的那一天》[Traflager Square, le jours du couronnement de Georges VI]）（Londres，1937①）。由于我们不得不与"感性"的照片在一起——因为它们都是明显地被感觉到的，所以我们每一次都面对产生一种前谓语式连续性的某种"相信"（croire）（瓦莱里[Valéry]说过是"一种气氛"），而在这种"相信"之中，借助于象似性和视觉上的韵律，借助于对立性和区别性等，无法根据对于很容易不连续的构成成分进行内在的分析。陈述活动举动的感性的、因此也是连续的特征要求依据一些完整的视觉对象来进行，而每一种对象又都在传递着其作为整体品质所

---

① 亨利·卡蒂埃–布勒松《摄影师》，同前，1992，p. 62。

体现的区别。因此，必须提供一些比较点位，而分析则可以根据这些点位开始进行。

以这样的一种视觉尖锐性前来加入的各种强度，特别是在我们为之用去了一定时间的这些照片的情况里，它们不再属于证明或者再现。它们属于建立非常特定的在场性。不管它们是充满阴影的黑色，还是满是超级光线导致的白色，它们都在引导产生的不是一种点（punctum）的在场性，即巴特的所谓"曾此在"，更是印欧语中的 'αιων① 的一种变化情况。

有谁可能会支持卡蒂埃－布勒松认为的意义并不属于"哪一个"，即不属于世界上的一种在场总是在更新、又在印欧语的 'αιων 原始方式上有过经历的这种新鲜状态呢？埃米尔·本维尼斯特曾在《语言协会简报》（BLS）杂志（1938 年，卷 38）上发表文章，题目是《永恒之中的印欧语表达》（*Expression indo-européenne de l'Éternité*）②，在这篇文章中，他解释了同一个词根 aeiw 是如何在不管是老年人还是青年人的不可思议的定名下转而归入所有语言之中的。他补充道，这个概念同时也逐渐地脱离其时间上的意义，来指无时间性，即永恒之观念。他用吠陀梵文（védique）来说明，这个词根是如何来指明被理解为个人的和（或）普遍的原则之生命力的。在伊朗语中，这个词根标志着一种人生时刻，在这一个时刻中，生命力处于其高峰，即顶端（akmé）；在荷马的作品中，'αιων 时不时地意味着生命力，这一点是经常复现的，却并不"一直"如此，它是经常性的和稳定的。一种快速、动态、变化之观念与这种延续相连接。并非指延续中的生命，而是指激奋的活力。这位语文学家正是用这种手段在阐释学上找到了出路，即有关最古老的象征理论的阐释学，而印欧世界中的永恒概念就与这种象征理论紧密联系着："这种力量涉及不断地对于产生生命力的原则进行再创造，它提醒人们要想到一种最为紧迫的形象，该形象即无限地保持在总是新事物之新鲜感中的那种东西的形象。"

我们来谈最后一点：亨利·卡蒂埃－布勒松的视觉创造力，依靠他的创作手法和主题在一种不动原则基础上进行的不断更新而得以表达，这种构图艺术就属于这种不动原则，对于几何结构化的这种忠诚超出一位"古典学者"的学究式思考。在我看来应该接受在与极为敏感又总是在更新的一种安排（不要重复，因此放弃摄影，服从于素描的规范，旨在"心对你说话时"才进行摄影）密切联系着的严格性之中进行阅读，一种感性认识的伦理学同时也是一种生活计划：准确地讲，这正是厄让·埃里格尔在其《弓箭骑士艺术中的禅宗》（*Le Zen dans l'art chevaleresque du tir à l'arc*）一书中所说的内容，这本书是这位伟大创作者的枕前书。在这种方向里，没有丝毫的深化，也没有神学：只有生命的强度和负责任的实践，只有这种强度的自觉的和迫切的、最终是有感召

---

① 按照作者给译者的电子邮件回复中的解释，该词为古希腊语，是由意义关联的三个音结合而成的，意为"永恒观念"。但该词的书写形式后来在欧洲多种语言之中出现变化。——译者注

② 由让·克罗德·科凯在《自然与语言：一种言语活动现象学》（*Phusis et logos. Une phénoménologie du langage*, Saint-Denis, PuV, 2007, p. 27）一书中合理地引用的。

力的实践。

译稿简介

上面的译文，选自《意义，感性，真实》（*Le sens, le sensible, le réel*，2019）一书。作者是该书主编安娜·埃诺（Anne Hénault），法国当代著名符号学家，现任巴黎符号学学会会长和国际符号学学会副会长。

这是安娜·埃诺女士主编的第二部综述符号学理论的重要文集。第一部是《符号学问题》（*Questions de sémiotique*，2002，已由怀宇翻译成汉语出版），那部书对于索绪尔符号学传统和格雷马斯符号学理论及其在不同领域中的应用作了系统的介绍，并以几乎相同的篇幅介绍了美国皮尔士符号学传统以及这一理论在与索绪尔和格雷马斯传统相对应的领域中的应用情况。该书大体勾画了普通符号学今后的发展方向。

安娜·埃诺女士主编的这第二部重要文集，汇总了被称为"巴黎符号学派"的 32 位著名学者在格雷马斯去世近 20 年后聚会巴黎附近的鲁瓦约蒙（Rayaumont）修道院时宣读的各自在不同领域有关符号学研究的文章。30 余篇文章分别被列在"历史：各个领域的历史""感性：形象性与感知""真实：实践，传媒对象"三个标题之下，为我们展现了"后格雷马斯时代符号学"，即以"感知符号学"为主要阶段的百花齐放、百家争鸣的绚丽景象。

这第二部文集中的《序言》和《导言》及某些文章，我们已经获得法国索邦大学出版方面的同意和翻译授权，将陆续与读者见面，译者希望它们能为我国符号学研究者提供某种借鉴，从而有助于推动我国符号学事业的发展。

译者简介

怀宇，为张智庭笔名，南开大学外国语学院法语教授，天津外国语大学语言符号应用传播研究中心专职研究员。法国符号学译者和研究者。法国政府"紫棕榈教育骑士勋章"获得者，资深翻译家。主要研究方向：符号学研究和翻译。

论文选登

中性符号学：理论基础与发展前景[①]

王铭玉

开辟出一条具有中国特色的符号学之道，是中国符号学学者一直在思考并追求的目标。这关系到中国传统符号学资源的属性、符号学研究的意指模式以及中国符号学在世界符号学领域的地位等问题。中性符号学则为这一目标的实现带来了契机。

1 大符号观与中性概念

西方传统的语言中心论符号观认为，符号是由一系列差异关系的语音印象和概念印象结合而成，与外部世界无关。在此种观念下，符号的能指与所指之间是一种任意性关联。这种符号意指方式的性质决定了符号结构的语言性质。比如，"橘子"可以指不同颜色、大小的各种具体橘子。而如林中起烟、窗户结冰、风信旗摆、周易卦象、象形汉字等，往往不被视为真正的符号，而被视为某种类符号现象——因为它们的能指和所指之间具有一定的理据性。

中性符号学则突破了语言中心论符号观，其研究对象是围绕人类的生命活动展开的各种意指实践或符号化过程，包括姿势、踪迹、语言、图像、书写、艺术、仪式、实物等各种表意方式。一言以蔽之，中性符号学所处理和思考的对象是异质符号的中间性质或跨界性关联，尤其关注"说的"符号与"看的"符号相融合的双重思维。这是一种多元包容的大符号观指导下的分析和阐释路径。

中性符号学是针对异质符号的隔离观而提出的符号理论。一般认为，西方理论家更习惯以隔离的眼光看待符号综合体。以图为例，他们要么着重图的像似符性质，要么强调图的指示或规约符性质，或者干脆认为语是语、图是图，二者完全隔离。中性符号学的"中性"追求的则是"居中"，即在语言符号与非语言符号、形式与实体、系统与过程等二元对立项中采取一个中间立场，更关注它们之间"对立性解除"而产生的种种新理论、新视野、新领域。

中性符号学的这种居中的中性化趋势，注重消除对立、淡化界限，强调语象之间的相互解构和跨界，而不是简单的"折中"。"中性"作为"二元对立项的中间状态或消解方式"，既是一种"符号方式"，表现为符号本体的结构特性；也是一种"符号观"，表现为一种理论立场。目前常见的一些网络表情包、交通符号等，就是图像和语符的中性合治符号——既不是图像又不是语言，但又具有语符（文字）和象符双重编码性质，

---

① 本文发表于《中国社会科学报》2023 年 6 月 6 日第 006 版。

是对传统图文分治格局的一种消解。

在图像和语符的中性合治符号中，"亦图亦字"两个叠加的异质符号，会使我们从直觉上无法将它们截然区分。图文交融的标识将双重意指压缩在一个平面上，二元异质元素被同化为一个有机的整体。这里，被图像化的文字和被文字化的图像，都没有彻底走向自己的对立面，而向中间靠拢——图文二元异质要素基于像似性融为一个整体，图文双重意识淡化了，而被某种整体性所取代。二元异质元素相互同化为一个有机的整体，二者异质性、跨界性和移心性的张力消失了。对立感的消失使双方向中间靠拢，中性应运而生。

2 中性的语象合治观

在大符号观的视域中，有两类最基本的原型符号。第一类是语符，包括口语、书写语言以及语言的各种补充替代品（如盲哑语、公共标识、数字记号等）。第二类是象符，包括各种视觉性符号（如图像、实物、仪式、行为举止等）。二者是大符号家族中的重要两翼，使二者合治能够突破传统上要么以语言的语符号为中心、要么以非语言的象符号为中心的狭义符号观的分治立场。中性的语象合治观关注的是异质符号关系，主要是语符和象符的"居间性"，即语象之间既区分又跨界的合治关系。

中性符号学重点研究区分基础上的中性跨界现象，包含两层意思。其一，取中融合。这是相对于"分治"而言的一个对比项，是对异质符号（主要指语象）分治对立关系的解除。其二，居中融合。这强调语象之间在本源上的融合，而不是对语象对立关系的主动解构或解除。因此，语象合治也包括"取中合治"与"居中融合"的进一步对话与合治。比如，传统甲骨文研究将象形字的内部结构处理为字符，但语象中性观则发现其内部有语象双重的中性编码。传统汉语学将汉字看作汉语的记录工具，而语象中性观则把汉字看作异质于汉语的符号系统——它既是汉语的一个要素，又是基于视觉理据建构汉语的方式，因此言文关系也是一种语象关系。

中性符号学的"中性"有两个含义：一是异质符号之间的"居间性"；二是中性符号学的"中国性"。就后者而言，语象融合、消解极性对立是中国传统符号哲学思想的重要特征。儒家概括中庸之道的说法有，"执其两端，用其中于民"（《礼记·中庸》），简称"执两用中"，即消解两端的极性对立，采取一种不偏不倚的执中立场。在语象关系上，王弼总结道："意以象尽，象以言著。故言者所以明象，得象而忘言；象者，所以存意，得意而忘象。"

在中国传统文化中，融语象于一体的"象"是基础。汉字符号的形、音、义揭示出，以象符为轴心，在图符、音符、义符三种符号之间摆渡的中性。借此，我们可以把语象合治分为形象合治、音象合治和义象合治三种类型。形象合治符号包括：象形字、卦爻象符，传统诗意画或写意画，现代的表情包以及各种标识的设计等。电影中用来揭示事物和现象之间的内在联系、通过感性表象理解事物本质的"蒙太奇"也属此列。音象合治符号包括：汉字的形声字、文人画的诗（声旁）画（形旁）并置等。义象合治符号（用意符组合来表达形象）包括：指事字、会意字、诗中有画以及现代的语象叙事等。

3 东西对话与文明互鉴

关于"中性"，巴特认为其是"破除聚合关系之物……即通过一个第三项……甩掉、消除或反制聚合关系的僵硬的二分法"，洛特曼根据文化编码方式的不同将文化符号分为约定—离散的语言符号和图像—浑成型的形象符号，其他一些西方学者（如德里达、福柯、鲍德里亚、米歇尔等）也对语象的中性跨界问题进行过探讨。但是，这些西方符号学的中性倾向，多表现为一种反语言、反逻各斯中心主义的后现代学术思潮，重在"解构"而并未形成以建构"中性"为核心范畴的符号学理论。而以汉字"六书"中语象"居中融合"为基本原则的中性符号学，显然有别于以破除二元对立为特征的"取中融合"西方中性符号学思潮。并且，中性符号学的合治观，不仅强调语象合治（在区分基础上的融合），也强调东方的"居中融合"与西方的"取中融合"之间的合治。

一般认为，纯粹的图像符号是反概念的，主要是像似性地再现现实物象；纯粹的书写符号是反物象的，主要是抽象性、约定性地代表某个语言概念。而中性符号学的要义，则是消解图像符号的像似关系与语言符号约定关系之间的界线，在象符号中有言符号的约定编码，在言符号中有象符号的编码，最终产生一种"合治文本"。换言之，中性符号学提供了一种浑成型的符号意指方式。这种意指方式，既包含了西方的跨媒介、多媒体、多语式、语象叙事等符号学精髓，又吸纳了中国古老的"中和""意象"等哲学传统。它介于视觉图像符号的像似性和语言符号的约定性中间的意象性理据原则：按照可视、可感、有理据的方式呈现抽象的义理和观念，同时又"忘掉"或掩藏了这种理据性。总之，中性符号学是一种具有东方特征的符号学范式，是一种基于东西对话、文明互鉴的符号学模式，具有广阔的发展前景。

作者简介

王铭玉，男，天津外国语大学语言符号应用传播研究中心教授，博士，博士生导师。
主要研究方向：语言符号学。

书刊评介

俄罗斯民族精神符号的阐释与重构
——读张杰、管月娥著《"万物统一"的美学探索》

李玉凤

摘　要：《"万物统一"的美学探索：东正教与俄罗斯文论》是一部关于"东正教与俄罗斯文论"问题研究的学术著作。这部书从宗教与文学批评理论的关系的视角来研究俄罗斯文论，把文学理论与宗教神学相融合，科学研究与宗教研究相结合，从而寻求一条对世界本质和真理不断探索的独特的文学批评路径。以东正教精神为艺术思想内涵的俄罗斯文论，不仅在形象表现上具有高度的民族精神的辨识度和表现力，而且在价值意义上能够呈现民族精神的发展脉络。

关键词：民族精神　宗教　科学　救赎

　　俄罗斯是一个笃信东正教的国家，东正教对俄罗斯民族文化的发展产生了极为重要的影响。俄罗斯文学，特别是 19 世纪俄罗斯文学，以其独特的艺术审美形式承载了浓重的东正教因素，成为俄罗斯民族文化传播的主要表现形式，其经典的文学创作和批评成为国家形象建构和民族精神阐释的重要载体。

　　张杰、管月娥所著的《"万物统一"的美学探索：东正教与俄罗斯文论》（2023）一书，重点探究 19 世纪以来，在东正教的积极影响下俄罗斯文学中的民族精神的建构问题，以及这一建构所导致的俄罗斯文学艺术形式的变化，同时揭示俄罗斯文学如何以独特的艺术形象对东正教的"弥赛亚"意识、"聚和性"意识等核心思想的丰富，以期为我国的文艺创作和批评提供值得参考。正如张杰教授所指出的："以白银时代东正教神学思想为核心的俄罗斯文论，更能集中体现俄罗斯民族的精神探索和价值追求。它独特的探索路径不仅为俄罗斯民族认知世界开启了一扇窗口，更是让西方知识界为之敬佩和叹服。"（张杰，2018：22）显然，在这部书中，东正教与俄罗斯文学及其批评理论之间的关系，已不再仅仅局限于文学的宗教性问题，而以东正教为艺术思想内涵来源的俄罗斯文论，不仅在形象表现上具有高度的俄罗斯民族精神的辨识度和表现力，而且在价值意义上能够集中呈现俄罗斯民族精神的发展脉络。

　　《"万物统一"的美学探索：东正教与俄罗斯文论》来自由张杰主编的"俄罗斯文学与文化研究丛书"，系国家社会科学基金重大项目研究的最终成果。此研究丛书由五部专著组成，即每个子项目为一部分，独立成书，包括《"万物统一"的美学探索：东正教与俄罗斯文论》《保守主义、东正教与俄罗斯国家形象构建》《"聚和性"与俄罗斯文学经典》《东正教与俄罗斯民族语言研究》《陀思妥耶夫斯基主义引论——东正教与陀思妥耶夫斯基创作研究》。在研究丛书中，《"万物统一"的美学探索：东正教与俄罗斯文论》（以下简称《美学探索》）主要揭示东正教与俄罗斯文学批评理论之间的关系，是一个引领性的文艺理论专题研究。它与其余四个部分构成一个有机、互动的整体，既关注东正教与俄罗斯文学之间的关系研究，又将研究提升至俄罗斯民族精神铸造和国家形象构建的高度，进一步深化了丛书研究整体的价值意义。《美学探索》这部学术著作可以说是近年来我国学者研究东正教与俄罗斯文论关系最为重要的学术成果之一。

1 方法论价值：宗教与科学的联姻

方法论价值是《美学探索》这部著作的一大亮点。无论从文学批评的理论观念、批评分析视角，还是审美理想的认知方面来看，东正教神学思想与俄罗斯文学理论彼此融合，相互影响，甚至"在很大程度上，白银时代东正教神学思想铸就了一百多年以来的俄罗斯文学理论及其思潮的灵魂，同时俄罗斯文学理论也极大地丰富和拓展了东正教神学思想，推动着这一思想的审美接受。这两者之间相互融合，形成了'你中有我，我中有你'的状况，甚至很难加以区分"（张杰、管月娥，2023：3－4）。因此，《美学探索》不局限于仅对白银时代俄罗斯现实社会中的文学创作现象进行分析和梳理，提供客观性的描述，进而得出带有评价性的结论，而是从宗教与文学批评理论的关系的视角来研究俄罗斯文论，把俄罗斯文学理论与东正教神学相融合，从而寻求一条对世界本质和真理不断探索的独特的文学批评路径。正因为如此，作者认为，"如果我们不揭示东正教与俄罗斯文学及其理论的相互影响，就很难把握俄罗斯文学的精髓，更无法描绘其文学理论的特征"（张杰、管月娥，2023：2）。

《美学探索》指出，白银时代俄罗斯东正教文学批评理论家在执着的真理探索过程中，把"理性化"与"非理性化"倾向有机地结合起来，在不确定的、虚无缥缈的彼岸世界中寻找相对确定的、人世间的真理，在虚构的文学文本和人物形象中揭示人性与神性、魔性的融合。这看起来似乎又是非常矛盾的，因为文学理论通常被视为科学研究的产物，侧重规律性的探讨，但神学则是一种模糊的、非确定性的认知情感。但皮尔斯所说，"这是宗教将采取的态度，它采取这种态度不是由于科学的命令，更不是通过与科学相和解，而仅仅出于它对自身以及自己的命运怀有一种更加大胆的信任"（涂纪亮，2006：351）。在探索真理的过程中，通过强调研究的客观性、努力避免因主观性而造成的干扰，可以说是一种理性的研究方法，但由此获得的知识可能会受到已有知识的影响而使人的理性认知中掺杂一定的非理性认知因素。因此，理性与非理性相结合，或曰进入"理性的直觉"状态，探索一条建立在理性基础之上的直觉把握文学符号意义的路径，恰恰是在寻求一条展开俄罗斯文学批评的科学的方法和路径，因为"科学精神注定不会满足于现有的观点，而是要向关于自然界的真正真理推进"（涂纪亮，2006：349）。在这里，真理并非知识的结果，而是认知推进的过程和方法。

"把理性精神与非理性情感结合起来，到宗教的世界中去寻找'真理的柱石'"（张杰、管月娥，2023：31），显然是白银时代俄罗斯东正教文学批评方法论最为明显的特征，其中最具有代表性的是索洛维约夫的"万物统一"的美学探索。《美学探索》这部著作即以此为主标题，也凸显了其独特的方法论价值。在索洛维约夫看来，西方文明发展存在的危机，正是在于其陷入了以理论思维和实证经验为核心的科学研究之中，而把以信仰为根本的神学排除在真理探索之外。索洛维约夫认为，人类通常把知识视为真理探索的结晶，而知识的构成又被西方学界划分为自然科学和以哲学为代表的社会科学。然而，索洛维约夫认为"完整知识"应该是三位一体的，是由神学（神秘主义的知识）、哲学（唯理论的知识）和科学（经验主义的知识）所构成的。这种"完整知识"并非只是三种知识的简单相加，而是一种"三位一体"的有机融合。"只有这样的综合，才能囊括知识的完整真理。舍此，则科学、哲学和神学只能是知识的个别部分，即被割下来的知识器官，因此和真正的完整真理毫无共同之处。"（索洛维约夫，2000：195）索洛维约夫的"三位一体"理论，是白银时代东正教神学思想与俄罗斯文学批评理论相互融合的产物，它既是当代东正教文学批评理论的基石，又呈现出一种整体的、包容的、万物统一的文学批评美学观。

2 双向建构：精神与现实的对话与交融

白银时代俄罗斯东正教文学批评理论基于对真理的独特认识和"三位一体"的宗教哲学认识范式，努力构建起一条宗教与科学联姻的文学批评路径，使得俄罗斯东正教文化批评逐渐成为当代俄罗斯文学批评的重要理论支柱和方法之一。然而，《美学探索》也指出，"宗教文化的回归"，并非只是要解决一些文艺创作和文艺批评范围内的具体问题，而更重要的是要坚持俄罗斯民族精神和民族文化传统，重新审视俄罗斯文化遗产，力图"重回"到斯拉夫主义、象征主义、宗教哲学中去，建立起能与当今西方文化影响相抗衡的理论思想体系。（张杰、管月娥，2023：56）也就是说，白银时代的俄罗斯东正教文学批评，其研究意义并不仅在于揭示文学文本的思想内涵和艺术形式，而更在于展示现实与精神、道德与欲望之间的碰撞与交融，从而探索一种超越文学文本之上的精神，一种为民族铸魂的精神。这种探索旨在推进东正教思想与俄罗斯文化批评之间双向互动、双向建构的关系，体现了民族精神的意义建构过程，是东正教思想与俄罗斯社会现实对话和交融的产物。

具体说来，《美学探索》主要研究"东正教""俄罗斯文学"以及两者之间的关系。其中，两者之间的关系是最为重要的。在"东正教"神学研究方面，侧重于俄罗斯文学发展产生互动影响最为积极的"聚和性"和"弥赛亚"意识，并从东正教神学思想的多个视角，对俄罗斯文学的经典创作进行了重新认识和解读。在"俄罗斯文学"研究方面，选择与东正教关系极为密切的作家和批评家的创作，从文学创作和批评两个方面展开研究，重点揭示俄罗斯文学经典创作、批评与东正教的互动影响，特别是俄罗斯文学对东正教文化阐释空间的拓展和对东正教思想的发展。而在这两者的融合关系方面，重点研究白银时代的俄罗斯宗教文化批评思想家及其理论，揭示他们与俄罗斯文学批评理论之间的关系，比如索洛维约夫的"完整知识体系"与宗教文学批评基础、特鲁别茨科伊的"聚和性意识"与对话批评、梅列日科夫斯基的"新宗教意识"与象征主义、舍斯托夫的"悲剧哲学"与存在主义、伊凡诺夫的"合唱原则"与现实主义的象征主义、洛斯基的"直觉主义"与具体的理想现实主义、布尔加科夫的"宗教唯物主义"与"三位一体"文学批评、别尔嘉耶夫的"东正教人本主义"与救世的宗教文化批评等。从不同的维度上，《美学探索》深入探究反映东正教与俄罗斯文学之间关系的"与"字，努力构建文本意义机制的关系之维，也进一步拓展了双向建构的艺术审美形式。

俄罗斯东正教文学批评理论，在对源于19世纪现实主义文学批评传统的理论观念进行更新的基础上，既要发掘文学文本对现实生活的形象反映，更要揭示深层的东正教信仰和俄罗斯民族精神，尤其特别关注精神世界与现实世界之间的有机联系，并突出了对联系过程的动态把握。作者认为，"在19世纪，与俄罗斯社会现实对话的谈话者，主要是东正教的思想，而俄罗斯文学所承载的正是这两种意识、文本、文化之间的对话。"（张杰、管月娥，2023：31）这种精神与现实、思想与艺术之间的对话与交融，深刻地反映出主体性意识的对话性质，形成了俄罗斯文学文本和艺术形象的意义再生机制；这种研究范式为读者提供了广泛的可阐释空间，从而使文学文本作为艺术的载体能够不断创造出新的意义。

3 以爱为本：民族精神符号的标识与认知

俄罗斯文学创作现象的独特之处不仅仅存在于文学创作的宗教性情结书写之中，更重要的是反映在其民族精神信仰中，隐含在东正教神学思想与俄罗斯社会现实的碰撞与交融之中。然而，在不断释放意义、消解结构叙事的过程中，《美学探索》既努力摆脱以客观描写为主的写实主义艺术倾向，同时也在积极探索并揭示俄罗斯文学如何以独特的艺术形象来丰富东正教的"弥赛亚意识"和"聚和性意识"等核心思想，以呈现更显著、更稳定、更能反映共同价值的俄罗斯民族精神标识。

俄罗斯民族信奉东正教，"弥赛亚意识"非常强烈，"弥赛亚"是具有"元符号性"的俄罗斯民族精神文化精髓。"弥赛亚意识"源自宗教词汇"弥赛亚"（Messiah），意指某个群体或民族认为自己富有拯救世界的使命。在俄罗斯作家笔下的奥涅金、毕巧林、罗亭、奥勃洛莫夫等"多余人"和巴施马奇金、杰武什金等"小人物"系列形象的身上，均体现着俄罗斯民族的"救赎"精神，而这一精神无疑来自东正教的"弥赛亚意识"。"多余人"和"小人物"虽然都处于恶劣的社会环境中，无法摆脱自己的悲剧性命运，却在不断探索拯救自己和他人的出路，为自我的尊严而抗争，因为"俄罗斯民族的'救赎'并不依赖于外部世界，而是根植于自身的"，"在东正教中，'上帝'是存在于'自我'之中的，也就是说，'我'就是'上帝'"（张杰、管月娥，2023：26）。俄罗斯文学中"救赎"的宗教文学形象深刻地揭示了"神人合一"的俄罗斯民族精神，极大地丰富了俄罗斯人的精神符号建构和形象阐释。

"聚和性"是霍米亚科夫提出的一个概念，指自由与统一的融合，"聚"是指靠着信仰为了一个焦点而结合，"和"是"和而不同"的"和"。（张百春，2000：55）在陀思妥耶夫斯基的小说创作中，"复调"和"对话"的特征，恰恰是东正教文化这一本质特征"聚和性"意识的艺术表现。在陀氏的创作中，"聚和性"显现为一种"意识"的"聚和"，而这种"聚和"又是三种意识主体的"聚和"，即个性意识、集体意识和普遍意识。其中，能够反映整个人类特性的普遍意识是"聚和"的根本。《美学探索》也特别指出，巴赫金曾明确揭示了陀思妥耶夫斯基小说创作的"复调结构"和"对话"的艺术特征，却没有深入发掘陀氏创作艺术特征与东正教文化之间的关系，从而回避了其艺术特征产生的思想根源。其实，陀思妥耶夫斯基是一位虔诚的东正教徒，东正教的"聚和性"意识已成为陀思妥耶夫斯基小说创作的内在文化基因，陀氏创作中蕴含的矛盾性和辩证性的思想即是对东正教民族精神的艺术显现和形象拓展。

4 结语

《"万物统一"的美学探索：东正教与俄罗斯文论》是一部关于"东正教与俄罗斯文论"问题研究的学术著作，主要结合宗教与文学关系的视角来分析和评价俄罗斯文学批评理论，深入探讨在当代东正教文化背景下俄罗斯思想界探索真理的方法、文学理论及其思潮的精神内涵，揭示其审美批评的方法论价值，并清晰解读具体的文学文本。这对于我国文艺理论的建设和批评方法的创新，具有一定的参考价值。

民族文化符号通常因其具象性以及对外交流的重要性，成为跨文化传播的主要表现形式和民族形象建构的重要载体。精准表述、高度凝练的文学创作形象，往往更加凸显符号的力量，使人能够从中一目了然地感知民族精神的特质。考察白银时代俄罗斯东正教文学批评理论，会给人一种强烈的民族精神"符号化"的冲击，其以"救赎"和"博爱"为本质特征的东正教文化精神，一方面提升了俄罗斯文学经典的思想内涵；另一方面也延展了俄罗斯民族的精神力量。

参考文献

［1］弗·谢·索洛维约夫. 西方哲学的危机［M］. 李树柏，译. 杭州：浙江人民出版社，2000.

［2］涂纪亮. 皮尔斯文选［M］. 涂纪亮，周兆平，译. 北京：社会科学文献出版社，2006.

［3］张百春. 当代东正教神学思想：俄罗斯东正教神学［M］. 上海：上海三联书店，2000.

［4］张杰.“万物统一”的美学探索：白银时代东正教神学思想与俄罗斯文论［J］. 外国文学研究，2018（2）：21 - 30.

［5］张杰，管月娥.“万物统一”的美学探索：东正教与俄罗斯文论［M］. 北京：中国华侨出版社，2023.

Interpretation and Reconstruction of Russian National Spirit Symbols
—Reading Zhang Jie and Guan Yue's *The Aesthetic Exploration of "the Unity of All Things"*

Li Yufeng

(Tianjin Foreign Studies University)

Abstract： *The Aesthetic Exploration of "the Unity of All Things"*：*Eastern Orthodox and Russian Literary Theory* is an academic work on the study of Eastern Orthodox and Russian literary theory. This book studies Russian literary theory from the perspective of the relationship between religion and the literary criticism theory, by integrating the literary theory with the religious theology, and combining the scientific research with the religious one, so as to seek a unique literary criticism path that constantly explores the essence and truth of the world. The Russian literary theory with Orthodoxy as its artistic and ideological connotation not only has a high degree of national spirit in image expression, but also can present the development of national spirit in the sense of value.

Keywords： national spirit；religion；science；salvation

作者简介

李玉凤，博士，副教授，天津外国语大学语言符号应用传播研究中心。主要研究方向：文化符号学，教育符号学。

认识表情符号
——读 *The Semiotics of Emoji*：*The Rise of Visual Language in the Age of the Internet*

朱秀丽

摘　要：马塞尔·达内西（Marcel Danesi）2017 年所著的 *The Semiotics of Emoji*：*The Rise of Visual Language in the Age of the Internet* 以符号学的研究方法探讨了表情符号（emoji），分析了不同情景下的表情符号使用。他还从研究自然语言的角度讨论了表情符号的"语言结构"，探寻表情符号能否发展成一种通用语言。总之，这本书提供了许多有关表情符号使用和视觉语言的例子，可以为想要深入认识表情符号及视觉语言的读者提供参考。本文主要介绍和评析此书，展望表情符号未来研究方向。

关键词：表情符号　符号学　视觉语言

表情符号（emoji）起源于日本，与日语"绘文字"相对应，由日本电信从业者栗田穣崇（Shigetaka Kurita）于 1999 年设计创造。表情符号自出现以来，就受到大众的欢迎和喜爱。QQ、微信、微博、Facebook 和 Twitter 等社交平台对表情符号进行了开发，表情符号、表情包愈加丰富。表情符号的流行得益于网络的发展，在互联网时代，网络虚拟交流成了人们的常用社交方式，作为一种特殊的"符号"，表情符号能够生动形象地反映交流者的真实心情，丰富大众的网络交流。

马塞尔·达内西（Marcel Danesi）于 2017 年推出了《占领世界的表情包—— 一种风靡全球的新型社交方式》（*The Semiotics of Emoji*：*The Rise of Visual Language in the Age of the Internet*，该书中译本由浙江大学出版社于 2018 年 1 月出版，以下简称为《占领世界的表情包》）。达内西观察到表情符号有成为一种新语言的趋势，在其著作中探讨了表情符号流行的原因，并分析了表情符号发展成一种普遍语言的可能性。

1 内容简介

该书作者马塞尔·达内西生于意大利，任教于多伦多大学，现为符号学和语言人类学教授。他于 2005—2020 年担任《符号学》（*Semiotica*）的主编，是国际知名的符号学、品牌和沟通领域专家，以符号学和青年文化领域的著作而闻名世界。达内西最近的作品有《理解传媒符号学》（*Understanding Media Semiotics*，2019）、《今日语言相对论》（*Linguistic Relativity Today*，2021）等。

2015 年，表情符号"笑哭😂"入选了牛津词典的年度词汇，引起了众多学者的关注，学者们思考表情符号和通用语言的联系。达内西也对此问题感兴趣，他依据符号学理论进行研究设计，定量和定性方法相结合，自建语料库，分析了一定数量的样本信息和半结构性访谈中的有关信息。全书基于达内西的这一实证研究，展开了十个章节的内容，旨在阐释三个问题：表情符号流行的原因；以往的书写系统和人类交流、意识关系密切，表情符号这一新的符号系统会对这种关系产生什么影响，这种特殊符号是否会变成普遍语言。笔者对全书内容进行梳理，十章内容可以总结为五个方面，如图 1 所示。

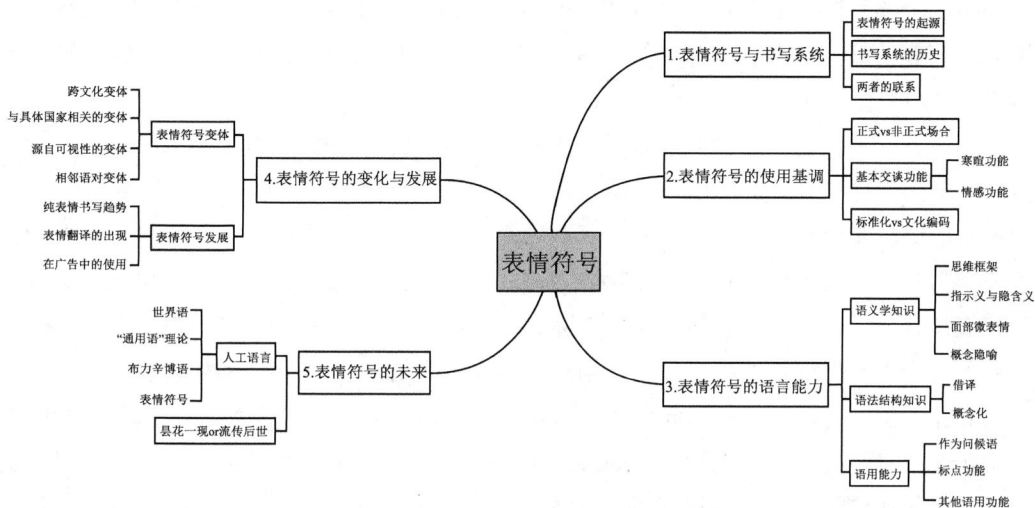

图 1　全书内容思维导图

第一个方面即第一章，谈论了表情符号与书写系统。这章侧重于阐释表情符号与传统书写系统的联系。作者开篇介绍了表情符号的起源，表情符号之前就已有字符符号（emoticon），比如:) 表示微笑。表情符号起源于日本，栗田穰崇的设计使表情符号比原有的字符符号更加生动有趣。2011 年开始，表情符号在得到传播后，逐渐成为新的书写代码，在网络社交中流行。随后达内西回顾了书写系统的历史：表形文字、字母文字等，并指出书写系统的进化主要是通过扩增写作形式和风格实现的。作为一种新的书写代码，表情符号与书写系统存在一定联系，回顾"书写系统"的概念可以为了解背景知识提供参考，以便讨论表情符号是否能适应自然生成的书写系统。作者认为，表情符号能增强含义，与字母文字并用，可以将现代非正式的书写打造成一种独一无二的双重模态书写系统。

第二章论述了表情符号的第二个方面：使用基调，这一章主要涉及表情符号的一些基本问题，部分内容在后面章节中有更详细地介绍。作者首先讨论了表情符号的使用场合，虽然表情符号在一些正式场合也出现过，但它还是主要用于非正式语域。另外，表情符号具备各种情感属性及交谈功能：表达意图、心态及心理活动等。它有开启会话、结束会话和避免沉默三种寒暄功能，主要是让会话双方保持友好愉快地互动。表情符号的使用还包含有意识或无意识的情绪表达功能。情感功能可以概括为两种：代替标点符号，生动形象地强调观点。结合自建语料库中的带表情信息文本，达内西对表情符号的上述功能都进行了阐释，并列举了一些常用表情符号，解释了其含义和功能。最后，作者在这一章探讨了标准化和文化编码的问题。虽然表情符号的目标是通用，但文化编码现象无法避免，按照索绪尔的术语来理解，就是同样的能指在不同的言语群体有不同的所指。

第三个方面包括第三章"表情符号的语言能力"、第四章"表情符号的语义学"、第五章"表情符号也有语法"和第六章"表情符号的语用"。这四章都围绕表情符号的语言能力展开。

在第三章中，达内西指出一套通用的表情符号需要人们有共同的表情符号知识，表情符号使用者都知道怎样使用和解读他人所发表情符号的含义，才能实现有效交流。表情符号的语言能力和人类自然语言中所谓的语言能力有异曲同工之处。表情符号的语言能力包括多方面的知识，它涉及交际能力（communicative competence），了解如何选择、解读表情符号，最终是为了帮助人们交际，而且是实现一个更生动、有趣的交流；表情符号的使用规则受到自然语言语义及句法的影响；表情能力不仅包括选择及组合表情符号的具体方法，还涉及借助不同形式实现沟通目标的能力。总之，表情符号的语言能力包括了表情符号的语义学知识（emoji semantics）、语法结构知识（emoji grammar，即规定表情符号在结构体中组合排序的规则及实践）和语用能力（emoji pragmatics）。具体来说，表情符号涉及的语义学知识、语法结构知识和语用能力分别在第四章、第五章和第六章呈现。

第四章"表情符号的语义学"聚焦表情符号的语义学知识。达内西从思维框架、指示义与隐含义、面部微表情和概念隐喻等方面分析了表情符号涉及的语义学知识。为了识别表情符号的中立程度，作者的实证研究根据积极性、负面性、中立性划分了表情符号，发现大多数表情符号是积极色彩。达内西认为表情符号的使用目的主要是在非正式文本交流中加强积极的情感色彩，避免交流冲突。使用表情符号的语义学目标就是增添不同类型的微妙细节，表情符号系统和自然语言一样有同义词现象，在一组同义表情符号中，每一个同义表情符号的设计都有细微差别，也因此会导致细微的语义差别。表情符号可以制造出一种具体的口吻并且把会话者的思维框架带入对话。这种作用符合社会学家欧文·高夫曼（Erving Goffman）称为"逻辑框架"的部分定义。如果交流双方某一方面的思维框架相同，对彼此发出的表情符号的意义解读会更准确。从符号学角度来说，所有符号都蕴含两种意义——指示义（denotative）与隐含义（connotative）。表情符号的指示义是它最初被定义的含义，在不同用户的使用情景中，表情符号可以根据实际情况传递不同的隐含义。表情符号与心理学家保罗·艾克曼（Paul Ekman）的面部表情研究也相关，通用的面部表情符号都是基于基本的面部微表情：如生气、开心、害怕等。最后，结合概念隐喻等知识，作者提出所有表情符号都是"隐喻性的图片"，每个表情符号都是概念隐喻的视觉表现形式。

第五章"表情符号也有语法"重点介绍了表情符号的语法结构知识。语法结构知识主要涉及表情符号的句法。表情字符是一种视觉字母字符,它的字符单位既能作为文字文本的附属内容(adjunctively)也能代替部分文字文本(substitutively),从而创造有意义的信息结构。达内西强调表情符号的语法不是自然语言语法在视觉符号中的翻版,它有自己的"句法规则",有一套制造连贯且有意义的表情序列及搭配的方法体系。达内西认为字符串或结构体中的表情语法包括借译(calquing)和概念化(conceptualization)两个方面,这样表情符号才能以符合符号逻辑的顺序呈现出来。总的来说,借译相当于音译(transliteral),借译词通过音译表现具体语言形式;表情符号的语法有自己的"图形化概念"结构,概念性语法将传统句子结构(比如主谓宾结构)重塑成概念集合;这促使表情符号的使用者根据概念性质组织文本,而产出的文本还是与使用者所用的自然语言语法保持一致。

第六章"表情符号的语用"详细阐释了表情符号的语用功能。达内西结合罗曼·雅各布森(Roman Jakobson)的理论分析了样本数据,总结了表情符号的语用功能。表情符号主要用作问候语和标点符号,也有表达讽刺甚至冷嘲热讽及构成相邻体系等其他语用功能。值得注意的是,在表情符号的语用探究中,达内西没有发现性别差异,但其研究发现了表情符号中的礼貌现象,比如为了表示礼貌,使用者通常会用一些友好的面部表情,表情符号短信中的礼貌用语往往更加隐蔽,不会公开表达出来。

第四个方面与表情符号的变化与发展相关,包括第七章"不断变化的表情符号"和第八章"无处不在的表情符号"。

统一码(Unicode)推动了表情符号的普及和发展,但随着表情符号的发展,大众的使用需要也促使了它的改变与扩大,表情符号正朝着可变的符号发展,不再是人们所预期的无变体符号体系。因此,第七章介绍了表情符号的四种变体:跨文化变体、与具体国家相关的变体、源自可视性的变体(指与使用者个人相关的形式变化)以及相邻语对变体。表情符号像传统语言一样在不断发展变化。

第八章"无处不在的表情符号"探究了表情符号的发展,即表情符号的相关应用,重点谈论了纯表情符号书写文本的趋势、表情符号翻译的出现以及广告中的表情符号等三方面内容。对表情符号发展的讨论,实际上最终指向对人际交流内在原则的思考——书写体系的发展方向是减少人们所付出的努力,从而更快、更有效地创造并理解文本。在文本中加入表情符号可以明显提高书写实践的经济性,因为一个表情符号所代表的细微含义换作文字语言的形式要耗费更多笔墨,从这一特点来看,纯表情书写文本可以成为一种趋势。然而,只由表情符号组成的文本实际上需要耗费使用者更多精力,违背了上述原则,这种纯表情符号的文本形式并不能长久存在。

第五个方面包括第九章"普遍语言"和第十章"是否为一场交流革命?",探讨了表情符号的未来。

达内西在第九章简要介绍了柴门霍夫（Zamwnhof）提出的世界语和布利斯（Bliss）的布力辛博语等人工语言，并将这些人工语言与表情符号进行对比。根据莱布尼兹（Leibniz）的"通用语"理论，表情符号也是一种人工符号，但与莱布尼兹或布利斯的创作有所不同，表情符号并不想取代任何传统的文字语言，相反，它的目标是帮助母语不同的交流者增强相互理解，并给对话增加积极语气。表情符号的特征与属性表明表情符号满足准通用符号的标准，但不是完全意义上的通用符号，因为它仍需要处理文化编码以及其他形式的变体。

最后一章"是否为一场交流革命？"思考了表情符号是否只是昙花一现。在某种程度上，表情符号能以一种有效的方式表达全世界的流行文化，是一种有趣且娱乐化的语言。与其他人工语言不同的是，它在使用中不断进化，从而更接近自然语言，表现出融入自然语言的进化倾向，但表情符号书写文本不会影响其他正式语域的写作实践。对于研究问题"表情符号的崛起和普及是昙花一现，还是预示着一场交流革命——全新通用语言的到来？"达内西认为很难给出确凿的答案。在全球化的时代，"地球村"趋势的发展极其迅速，任何一种答案都有可能。不过，作者最后给出了他的预测——表情符号现象很可能只是稍纵即逝的潮流，随着新技术的发展以及新需求的产生，表情符号终将会逝去。

2 简要评析

该书将理论与案例描述相结合，从符号学的角度解读表情符号，观点新颖，前沿性强。书中的分析有语料库的短信文本和其他表情符号有关案例作为支撑，读者可以在这些表情符号文本的分析中发现表情符号研究的乐趣。同时，作者也结合了不同理论与研究解读表情符号，专业性强，如索绪尔和皮尔斯的思想、高夫曼的框架理论和艾柯曼的面部表情研究，等等。达内西带领读者用审视自然语言的眼光去分析表情符号，将这种特殊符号与普遍语言相联系，分析其语义、语法和语用知识，为研究表情符号提供了参考。对比表情符号和世界语等人工语言，让读者借助其他人工语言的发展历史，对表情符号的发展与未来有更为直观的认识。

然而，由于作者对一些问题反复强调，整本书的脉络没有十分清晰，存在较多重叠部分。阅读过程可能因此感到费解。达内西实验中的受试者都是青年人，所以他在谈论表情符号变体时，只简单提及了与年龄相关的表情符号文本解读差异问题，没有深入解析。最后，正如达内西所言，他所做的研究只是一个案例分析，不具有广泛的代表性。他的研究很大程度上基于西方文化背景，不同国家使用表情符号的情况不同，研究也会有所不同。

总之，该书观点新颖，将表情符号与自然语言相联系，启发读者用审视自然语言的眼光去分析表情符号。

3 表情符号相关研究简要介绍

达内西是较早系统考察表情符号的学者，国外陆续有学者从相似的角度探究表情符号，虽然这些学者的研究基于西方文化背景，但都可以为国内学者研究表情包提供参考。菲利普·萨金特（Philip Seargeant, 2019）结合表情符号（emoji）讨论语言的未来，他认为言语交流和技术之间有密切关系，表情符号是一种技术支持并受其推进的文化，能够反映人们在社会中是如何互相联系的，但是我们无法预测表情符号未来将会被如何使用。埃琳娜·詹诺利斯和卢卡斯·王尔德（Elena Giannoulis & Lukas Wilde, 2020）介绍了字符符号（emoticons）、颜文字（kaomoji）和表情符号（emoji）的特点，概述了该领域的历史和发展，指出表情符号既是一个全球相关的话题，也是多模态、符号学、图像理论、文化和语言研究的范畴，因此，他们收录11位不同学科学者的相关文章，展示了交流、社会政治、美学和跨文化等不同视角下的研究，以了解表情符号在数字时代通信交流转型中的作用，为社会语言学、媒体研究、符号学等领域的学者进一步研究表情符号提供了参考。

国内表情符号相关的研究也逐渐增多，学者从不同角度研究了表情符号，如语言学和符号学；相关研究以语言学视角为主，如认知语言学和语用学等。基于力动态意象图示理论，李成陈和江桂英（2017）分析了线上交流中的"笑哭"表情符号，阐释了该表情符号的语用机制和认知机制。袁慧（2021）以人际关系管理理论为框架，分析了不礼貌语境中的表情符号使用，发现表情符号在微博的讽刺评论中行使了七类语用功能。刘黎（2021）以超语言理论为基础，探究了新浪微博小叉车社区成员在网络交际中的表情符号使用情况。从符号学角度研究表情符号的较少，余高峰和岳鑫（2018）在洛特曼符号学视域下探究了表情符号的特点，并分析了表情符号成为新语言所要面临的挑战，认为表情符号尚无法成为独立的交流模式。

4 延伸思考

基于达内西的《占领世界的表情包》及对国内外表情符号相关研究的了解，本文将提出两点思考。与国外表情符号使用相比，国内表情符号的使用有许多不同之处，研究也会不同。现在国内表情包的使用要比表情符号的使用更频繁，今后的研究可以侧重表情包研究。

首先是表情符号或表情包中的年龄差异，以微信中的"微笑"表情为例，青年人和中老年人对这个表情有不同的解读。

如图2所示，中老年人按照官方含义解读这个表情，认为其表示微笑，是表达友好的基本方式。但青年人认为这个表情嘴部幅度克制，眼睛上半部眼轮匝肌无收缩，视线向下，给人皮笑肉不笑的感觉，表明一种假笑，是敷衍、不想理会和嘲讽的意思，称其为：死亡微笑。长辈们通常不知道该表情的新解读，会经常使用以示友好，但因为理解上的偏差，青年人往往会因为该"微笑"表情感到来自长辈的压迫感，如图 3 所示。另外，不同年龄人群的表情包使用情况也不一样，如图 4 所示，青年人使用的表情包多是逗乐和贱萌的形式，会结合网络热点使用；而中老年人使用的表情包图案与内容简单，颜色艳丽，通常是直白的文字祝福，如图 5 所示。

表面意义：表示开心。

实际含义：表示鄙视、嘲笑或者讨厌。

图 2 "微笑"的解读

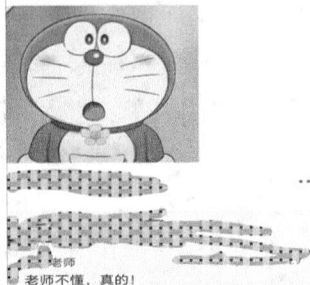

虽然我知道老师的呵呵和😊就是微笑的意思，但看见这俩我还是会心里一惊，总觉得是讽刺的意思😊看的多了也还是不习惯，以后我多发点😊😊

老师不懂，真的！

图 3 "微笑"的使用案例

图 4 青年人常用表情包

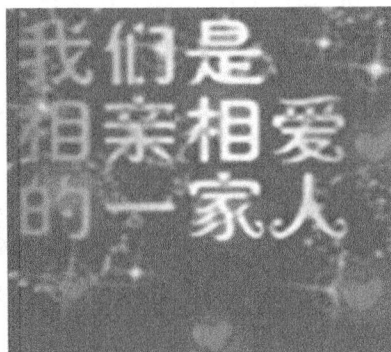

图 5 中老年人常用表情包

其次，国内表情包使用存在地域文化差异，即表情包方言现象，表情包中存在某些方言口语的文字注解，这是一种值得研究的表情符号文化编码现象。达内西在书中所说的混合文本主要是表情符号混合在非正式文字文本中，加强其积极情感色彩，整体以文字为主。和这种混合文本不同的是，微信中大多数表情包是文字附加在图片上，整体以图片为主，少数文字作为表情包的附加说明。其中，有一类方言版表情包是图片上配有谐音文字版的方言口语，国内大多数方言没有对应的书面语形式，这些表情包都是方言的谐音，按照这些文字可以大概知道方言的发音。不懂这种方言的人，可能无法理解表情包的正确含义，如图 6 中的江西方言"你说什么"（音同"尼挖丝莫"）。而图 7 中的表情包不是完全的谐音模仿，图上的方言词汇"豁害"有具体的文字形式，网页上可以搜到其含义解释。

图6　江西方言表情包　　　　　图7　四川方言表情包

　　综上所述，达内西的《占领世界的表情包》可以为我们研究表情符号提供启示，但由于表情符号正在不断发展，还需要进一步了解相关研究及最新语料才能更深入、系统地探究表情符号或表情包。

参考文献

［1］Danesi，M. *The Semiotics of Emoji：The rise of visual language in the age of the internet*［M］．London：Bloomsbury Publishing，2017．

［2］Giannoulis，E.，& Wilde，L. R. *Emoticons，Kaomoji，and Emoji：The transformation of communication in the digital age*［M］．New York：Routledge，2020．

［3］Seargeant，P. *The Emoji Revolution：How technology is shaping the future of communication*［M］．Cambridge：Cambridge University Press，2019．

［4］李成陈，江桂英．力动态意象图式视阈中"笑哭"表情符号语用意义的认知阐释［J］．外语学刊，2017，No. 198（05）：63 - 68．

［5］刘黎．网络交际中的表情符号使用探究［D］．上海：上海外国语大学，2021．

［6］余高峰，岳鑫．洛特曼符号学视阈下 emoji 内核研究［J］．外国语文，2018，34（04）：95 - 102．

［7］袁慧．新浪微博讽刺评论中 emoji 的语用学研究［D］．北京：北京外国语大学，2021．

To Understand Emoji
—On *The Semiotics of Emoji*: *The Rise of Visual Language in the Age of the Internet*

Zhu Xiuli

(Tianjin Foreign Studies University)

Abstract: In 2017 Marcel Danesi published a book *The Semiotics of Emoji*: *The Rise of Visual Language in the Age of the Internet*, which uses semiotic research methods to discuss emoji and analyze the use of emoji in different contexts. From a perspective of probing into natural languages, Danesi examines the structure of the emoji "language", so as to explore whether emoji can develop into a universal language. Overall, this book presents a number of examples about emoji use and visual languages, providing a reference for readers who want to gain a deeper understanding of emoji and visual languages. This paper mainly introduces and gives comments on this book, and proposes suggestions on conducting research on emoji.

Keywords: emoji; Semiotics; visual languages

作者简介

朱秀丽，女，天津外国语大学语言符号学硕士研究生。主要研究方向为语言符号学。

会议综述

以"符号"为媒，搭"文明"之桥
——中国第二届翁贝托·艾柯学术研讨会综述

蒋方圆　李　静

2022 年 9 月 17 日至 18 日，由深圳大学传播学院、深圳大学传媒与文化发展研究中心、重庆大学艾柯研究所、四川大学符号学—传媒学研究所联合主办的"符号·传播·媒介"中国第二届翁贝托·艾柯学术研讨会在线上举行。会议集结了国内外 30 多所高校的 70 余位专家、学者，围绕"艾柯在中国的译介与传播研究""艾柯媒介传播思想研究""艾柯符号学理论研究""艾柯美学与艺术思想研究""艾柯文学理论与作品研究"等若干前沿议题进行了深入研讨，为文明互鉴、文明互译、文化自信提供了有益的理论与实践探索。

1 艾柯在中国的译介与传播研究

覃江华（华中农业大学）对艾柯的翻译协商理论进行了独到的思考。他认为，艾柯把协商这一政治、外交和商务领域的概念引入翻译理论是一种恰如其分的创新，因为翻译的本质就是协商。他首先探讨了翻译与语言协商的关系，然后再拓展了翻译与文化协商和翻译与身份协商等方面。吴彩霞（肇庆学院）也注意到了艾柯的阐释观与其翻译符号学之间的关系，她系统地考察了"艾柯的阐释理论与符号学""艾柯的阐释与翻译""翻译符号学"三个理论领域，认为艾柯对阐释的分类是符号阐释学系统分析的基础，为其后的翻译研究开拓了研究主体和研究范畴的新视角，也推动了翻译符号学的长足发展。吴灼（西北大学）在文化仪式观视域下，对艾柯思想的数字传播创新提出了自己的看法。他提出，我们应在明确发展目标基础上，立足本土，形成多结构的艾柯思想特色发展层次，从建立传播路径的前提条件与有效方式、拓展传播路径和提升传播效果等方面入手，使得艾柯思想的数字传播更加有效化与多样化。

2 艾柯媒介传播思想研究

于晓峰（深圳大学）从艾柯论媒介入手，重点研读艾柯关于媒介的著述，深入剖析了艾柯的媒介理论及其实践。他指出，偏差性解码、符号游击战都是对媒介信息接收环节的分析和描述，与艾柯的开放作品理论息息相关。但是艾柯的理论对于大众传播研究是一种非常间接的方法，而我们也已经从艾柯时代迈向了一种后艾柯时代。张艺萌（深圳大学）也立足大众传播时代的当下，对艾柯的媒介思想进行了综述式的概括和分析。刘利刚（四川外国语大学）以"艾柯符号学：传播学升维的一种新可能"为题，从学术史的角度对艾柯的传播学思想进行了整理。他认为艾柯的符号学可用于滋养传播研究，他在一般符号学讨论中关于符号、意义、隐喻、象征和代码的思想，对于传播学者透析传播符号的本质具有极强的解释力，但是至今传播学对艾柯符号学思想的引入尚付阙如。

彭佳、何超彦（暨南大学）以中国当代民族动画电影为例，分析了跨媒介叙事中故事世界的通达与述真这一论题。通过对跨媒介叙事中的故事世界如何实现述真与通达、文本在叙事层面如何激发接收者的参与感等问题的深入分析，召唤出民族叙事中的中华民族共同体所共有的神话和历史想象。李涛、李若潇（浙江传媒学院）则从艾柯的视角对经典科幻动画的符号创制进行了详细观照。他们认为，动画是典型的符号系统，其意义构建模式也遵循《论一般符号学》中的类型学原理。柳集文（苏州大学）注意到了艾柯在《坏品味的结构》中对大众文化类型的分析，并以此为基础对女性向游戏人物符号的现代审美转向进行探讨。他认为，游戏中的男性形象在过去十年中发生了诸多变化，在角色故事线和人物真实性丰满的同时，逐渐成为现实生活中性别关系乃至社会关系的替代性符号，从对主流文化提出疑问的"反文化"演变成更强调用户主体性的"亚文化"。这种"媒介"意识形态能够对现实世界的性别和亲密关系的定义进行必要反思，在商业化的基础上产生与其他女性主义前卫作品相似的社会效果。

3 艾柯符号学理论研究

卢德平（北京语言大学）以"解释项"为中心，系统论述了从皮尔士到艾柯再到自己的研究。他认为，将符号与"解释项"（interpretant）嵌入"signification"和"communication"的关系，现实化解释了皮尔士的"解释项"实质。这种嵌入很好地解释了"解释项"与符号的关系，让符号在交流中获得语境表达，通过实践富化其意义。"解释项"横跨符号和记号两个层面，从语义和语用两个方面对认知过程和符号外在性行为反应产生影响，为审视当代超级多样性条件下的语言交流提供范式。李莉（深圳大学）通过对这种嵌套进行分层，对"戏中戏"进行重新定义。她认为，根据主次叙述层之间的结构关系，嵌套分层又可细分为聚合式嵌套、螺旋式嵌套和连环式嵌套等三种基本类型，根据主次叙述层之间的像似关系，嵌套分层又可以分为图像像似嵌套、图表像似嵌套和比喻像似嵌套。

马西莫·莱昂内（意大利都灵大学）总体论述了艾柯和符号学的生产方式。他指出，艾柯哲学探索的核心是从理论和道德层面对阐释的限度进行深刻的学理探讨，宗教激进主义的阐释体系和没有限制的阐释学理论都有可能给社会带来不可估量的风险，在本质上是"反民主的政治后果（专制主义镇压/无政府主义镇压）"。他认为，艾柯基于皮尔士的理论所构建的符号学模型，既不是强加的，也不是结构的，而是一种理性和主体间的协商。因此，艾柯的符号学模式很好地摆脱了既定的阐释模式，抵御了来自阐释宗教激进主义和过度阐释的诱惑，为文化分析者提供了强大的理论工具。郭景华（杭州师范大学）从另一个角度对艾柯的阐释理论进行了观照。她认为，艾柯正是受到根茎理论的启发，才提出了"百科全书迷宫"的叙事观。艾柯的百科全书符号迷宫不是树，而是"根茎"，是由"错综的根结和块茎"缠绕交织成的多维体，百科全书蕴涵的知识，以一种相互指涉的互文性构成叙事的生命力。我们对符号的解读势必伴随种种不确定性与复杂性，无法实现对其唯一的终极认知，由此引发出符号开放阅读的无限可能性。

张广奎、梁小丹（深圳大学）则从历史的角度综合考察了艾柯的阐释学和伽达默尔的视域融合理论。他们认为，艾柯的阐释观在对待文本开放性的问题上产生了一定程度的自我矛盾，而伽达默尔的观点更具有补充性。另外，两人对于阐释都从历史的维度进行了阐发，提出对文本的"理解"和诠释，要考虑历史与成见的因素，要在"历史"的范畴中进行理解和诠释，否则文本诠释就是过度诠释。卢嫚（华南师范大学）则把诠释看成"语义性诠释"和"符号性诠释"两个阶段，并将后者建构成为一种因人类认知活动而产生的普遍性诠释理念。她认为，艾柯把"自我控制"作为一种理性的限度所暗含的创造性，并在从现实到文本、从文本到现实的循环路径中，探索了一条必须经由文本超越文本的实践路径。

江渝（三峡大学）注意到建筑符号学在艾柯符号学体系中的重要地位。他认为艾柯对建筑符号学的核心论述是基于社会符码，人工建造的建筑构件和环境空间是可以传达与交流自身的可能功能的，并借此进一步把艾柯的功能—符号思想纳入更为宽广的设计美学视野，与诺曼（Donald Norman）、詹克斯（Charles Jencks）和卡尔松（Allen Carlson）等人的功能美研究进行对比分析，展示了其"功能—符号—符码—功能设计"理论的系统性。廖茹菡（四川美术学院）则用艾柯的符号学理论对时尚符号进行了深入分析。她认为，面对具体的时尚现象时，我们既需要厘清其代码层次，也需要兼顾信息接收者的文化背景，还需要考虑阐释者在编码规则创新方面的能动性。那倩（苏州大学）则是从借助新修辞学奠基人伯克"认同"理论中最微妙的"无意识认同"，以及符号学中艾柯、格雷马斯等的"同相符号"理论，深入分析了《文心雕龙》的同相符号"也""矣""夫"的修辞认同功能。

4 艾柯美学与艺术思想研究

艾柯在《中世纪之美》中指出："比例之美是量化的，无法充分解释中世纪人对光和色彩的迷恋，因为这两种均为质性的经验。"这一论断掀开了美学"数量化"和"呈符化"二分的局面。赵毅衡（四川大学）用"感觉质""呈符化"两个关键词高度概括了当今符号美学的发展趋势。他认为，当代艺术与艺术学愈发重视感性，这与皮尔士首先进行阐释的感觉质（qualia）高度相关。感觉质并非一个完整符号，从它开始携带意义算起，逐渐演变成能影响阐释的最基本符号"呈符"（rheme）。基于皮尔士符号文本十分类的十进阶，很好地将艺术符号文本停留在"呈符"的各个阶段，为符号美学的当代审视提供了重要参考。他指出，"呈符化"是艺术经常出现的特质，也是当代艺术中明显可见的趋势。符号美学称这个现象为"新感性"。这不是艺术的退步，而是当代艺术，尤其是产业艺术彰显人的创造精神的倾向。陆正兰（四川大学）则注意到了抽象艺术在当代设计中的意义等问题。她从"设计与器物意义合一"的符号美学出发，分析当代设计艺术中的"物使用性—实用符号意义—艺术符号意义"之间的部分三联滑动，以及构成的当代设计艺术"三性并存"的美学效果，试图提出一种基础原理性的解释。同样是基于符号美学，饶广祥（四川大学）对商品艺术化这一泛艺术化时代文化现象进行关切，他认为，商品艺术化是商品藉艺术的形式先尽可能推远其功能与实际意义，再通过矫正解读实现从艺术意义向功能与实际意义的"让渡"。商品艺术化的矫正解读与商品的反讽修辞不同，二者有一定的重叠。

王志敏（北京电影学院）系统回顾了艾柯的美学四重奏《美的历史》《丑的历史》《中世纪之美》《开放的作品》，他指出，艾柯没有写出《美学理论》这样的书是一种遗憾，也给后来的学者留下了无尽的遐想。这在一方面反映了定义美的困境；另一方面也为大家从"基于一种美学模式的交流组织方式"上去理解开放的美提供了更多的可能。韦思（南开大学）从这种不可言说的美学观出发，对书法中的"意会思维"进行了精彩的分析。郭薇（重庆大学）也从艾柯的美学著作出发，认为艾柯的美向来并非绝对、颠扑不破的。艾柯带领我们看不同的美的模式如何并存于同一时期，以及其他模式如何穿越不同的时期彼此呼应。

胡易容（四川大学）从艾柯对"镜像"是否属于"符号"所展现的符号观念说起，仔细讨论了艺术与对象的关系问题，回答了自米切尔"图像转向"以来图像性和符号性的矛盾问题。他发现艾柯符号观在镜像问题的探讨，引出了关于"符号对象"和"符号再现体"之间是否存在"重复"的问题，并由此得到了一种基于广义符号理据观的"新再现论"。赵斌（北京电影学院）对艾柯的图像分解理论在电影图像研究中的应用及其发展状况比较关注。他重点考察了潘诺夫斯基图像学对图像进行三重分层、结构主义符号学对艾柯分节理论的征用、法国理论家朗西埃为代表的电影图像理论对分节理论的再次改写与发展等议题，以此为基础重新评估了分节理论在电影影像中的理论价值。陈顺璇（中央美术学院）注意到了观念主义艺术中图像与文字的符号学互证的问题，梳理来自杜尚和马格里特40年以后观念主义艺术中图像与文字的认知关系，指出"介入"作为一种主要的手段，将某些图像和文字并置于意外的语境，可以促使观者去思考其含义中发生和指涉的问题。

郭春宁、孙雪浩（中国人民大学）所在的人民大学数字研究基地对艺术学领域的前沿话题一直保持高度关注。他们发现，在追溯NFT数字体制的源头时，可以借助艾柯的开放作品理论实现去中心的艺术生成。艾柯在20世纪下半叶提出的"开放的作品" 相关理论与近十年来逐步从科幻文本到现实建构的 NFT 乃至 "元宇宙" 形成了富有深意的互文关系。艾柯通过对开放性、信息和交流的系统分析，指出了诗的美学刺激和视觉的开放潜能。通过对数字身份、公平交易和游戏性的讨论，他们指出 NFT 作为一种指向未来的 "元宇宙"，将带来开放的作品在新时期的革命性。

5 艾柯文学理论与作品研究

在符号学家、美学家、知识分子等身份之外，艾柯最耀眼的成就应该属于文学。周启超（浙江大学）从作品的开放性与文本权利出发，深入探讨了艾柯的作品/文本理论及其学术史价值。他指出，艾柯的文学理论总的来说走过了从提倡 "开放性" 到 "文本权利" 和 "文本意图"，再到文学文本的 "诠释" 与 "使用" 的历程，属于已经进入文学文本生命机制的探究。周教授结合自己与艾柯的几次交流谈到，艾柯开风气之先而堪称具有 "革命性" 的作品/文本理论之内涵丰厚而精深，十分有效地推动了当代世界文论的历史进程而具有巨大的思想解放能量。张媛（北京语言大学）从艾柯的《故事中的读者》《悠游小说林》《诠释与过度诠释》三部文本理论著作出发，从表现形式和诠释解读两个层面入手，对模范作者在叙事文本运行以及文本解读中扮演的角色进行深入探析。她认为，文本是作者的对象化，是物化的作者。张良林（常熟理工学院）则从艾柯的文化符号学视角切入，讨论了文学信息传达与审美意旨的问题。他表示，作为文化个案的文学作品是作家表现和传达信息给读者的媒介。作家用语言手段把自己的构思加以物化成为自在的文学作品，目的是传达自己的意图，供读者分享。这一论述将作者与读者二者的对立统一关系进行了清晰的呈现。一方面，作者同时传达自己的意图与审美情感，既要传达信息，又千方百计加大读者接收信息的难度，延长读者的审美过程；另一方面，读者也需要踏实地解读作者的意图，又尽可能自由地依赖于作品的召唤结构所产生的意指机制，对作品进行新的意义建构。

此外，艾柯的文学创作也引起了大批专家学者的关注。戴锦华（北京大学）从重读艾柯的《傅科摆》切入，再谈编码、解码、过度编码、阴谋论与文化的生成和建构功能，并借此切入危机与激变中的今日世界，探讨认识论危机的迸发，符号、图像及 "被编码的我们"。她表示，互联网曾经的知识民主，平等的期待，并没有实现。我们进入了一个分众文化的时代——圈层化、信息茧房、抱团取暖、党同伐异……构成、显现、强化了一场认识论危机。这是一个认识论危机全面爆发的时代，这造成一种有趣的趋势，人们的互联网生活不是为了增加新知，而是加强已知。真正的阴谋论是真知构成的，他不可能是谎言构成，不过是他的逻辑——是荒谬的。李静（重庆大学）认为，《布拉格公墓》是艾柯所有阴谋论小说中的太阴中心。透过对符号想象、叙述迷宫以及哲学意义三个方面的分析，她认为艾柯的这部小说通过符号的想象、叙述的迷宫揭示了历史与现实的双重虚妄，讽刺隐喻了人类的邪恶性本质，从而达到了对世界和人性的本真性认知。戴慧（杭州师范大学）则从开放的作品理论和元小说、副文本等理论入手，探讨了《布拉格公墓》内容及结构的开放性等问题，由此揭示了开放与设限、虚构与真实的主题思想和艾柯对现代社会的警示。

陆扬（复旦大学）从空间批评的角度出发，认为艾柯的《传奇地之书》是空间批评的一本奇书。他以亚特兰蒂斯为例，指出艾柯所痴迷的虚构文学地名的精妙之处。从这里出发，带领我们探索了包法利夫人所在之修道院、《雾都孤儿》中费金的居处、鲁迅故居等一系列虚实之间的文学地名。借此得出艾柯是"文学空间想象的标志"的结论。郭全照（山东大学）则注意到了艾柯的自传体小说《罗安娜女王的神秘火焰》中的后现代叙事和图像表现，重点考察其"记忆术"。她认为，艾柯用文字和大量插图交织制造故事情节与氛围，进行个体记忆与集体记忆的勘探和打捞。其结构和叙事中隐含了古典记忆术的法则，并借此实现化抽象（记忆理论）为具象（纪事物品）和把文字与图像、记忆术与小说结合起来的超文本策略。崔蕴华（中国政法大学）以《波多里诺》为中心探讨了其中的历史叙述与审美正义。她认为，小说中历史与虚构的完美互渗，对历史的审美认知和诗性追寻实现了以"诗"的方式完成"史"的叙述，达到诗性内涵和历史深度的统一。王伟均（深圳大学）也对艾柯小说中的历史观给予高度关注，他指出，艾柯的小说将历史作为一种叙事话语，对所谓"历史真实"的合法性提出疑问，并努力打破历史来源的权威，这与崔蕴华提出的历史与虚构互渗不谋而合。此外，王伟均强调，艾柯小说将历史主题的探索指向空间实体，揭示了历史范式的重大变化，从历史是客观真实的时政主义，转向作为一种文学叙事话语形式的文本主义。高渊圆（西安外国语大学）也从身体、感知、存在的视角切入，分析了人的主体焦虑与空间焦虑的问题，蕴含了关于文学地理学的关切。

在后艾柯时代的大会背景下，赵祎楠（中山大学）从文学和美学两个层面考察了后疫情时代在《玫瑰的名字》中的影响投射。她认为，《玫瑰的名字》一方面采纳和吸收了后现代主义的艺术手法，用元小说、反侦探等叙事策略创造了一个文本狂欢的世界；另一方面，又保持着清醒的头脑，将诸多关于中世纪神学、美学、哲学、文学、符号学、文字学、自然科学的信息蕴藏其中，不沉溺于文本游戏，而是果断抽身，给读者的阐释留下了很大的空间。李想（杭州师范大学）则对《玫瑰的名字》中的虚假符号进行了关注，他认为这部小说是对图书馆和禁书、镜子和照明灯以及叙述者的虚假书写，具有浓厚的后现代主义色彩。曹军（北方民族大学）注意到《玫瑰的名字》中的跨媒介叙事产生了很好的美学效果。通过对小说中跨媒介叙事的审美价值的进一步分析，达到构建跨媒介的虚构之美以及对人的主体性重塑的效果。同样关注跨媒介叙事的还有谢恒（杭州师范大学），他对《试刊号》中的表意环节进行诠释，发现了艾柯在叙事中运用谎言论谎言，通过符号学思维方式将"符号撒谎论"运用到极致，以此来达到消解谎言的目的。

会议期间，专家学者们的精彩点评也为艾柯的符号学、美学、文学、艺术学等理论

162

与实践研究贡献了智慧。他们的跨学科视野、世界眼光和中国情怀推进了艾柯的译介、研究和中国符号学学术阵地的壮大。

基金项目

本文系 2023 年重庆市教育委员会人文社会科学研究项目"苏珊·桑塔格与翁贝托·艾柯的阐释学思想比较研究"（项目编号：23SKGH118）的阶段性成果。

作者简介

蒋方圆，重庆邮电大学英语系教师，重庆大学艾柯研究所研究员。主要研究方向为符号学、比较文学和英语教育。

李静，文学博士，重庆大学特聘教授，重庆大学艾柯研究所所长。主要研究方向为符号学、美学与比较文学。

《语言与符号》 征稿启事

　　《语言与符号》是由天津外国语大学语言符号应用传播研究中心——作为天津市普通高校人文社会科学重点研究基地，精心编辑出版的中文学术出版物，同时也是中国语言与符号学研究会的重要出版物。著名学者、北京大学资深教授胡壮麟先生任编委会主任，中国语言与符号学研究会会长王铭玉教授任主编，北京航空航天大学出版社出版。主要收录符号学和语言学方面的学术文章，设有思想快递、理论研究、学术专栏、论文选登、译文选登、书刊评介、人物访谈、学术动态等栏目，旨在为我国学者提供学术交流平台，推动语言与符号学研究在我国的发展。

　　投稿请发至 yuyanfuhao@163.com，审稿周期为 4 个月，4 个月未回复采用可另投他处。出版后将赠送两本样书。

　　欢迎赐稿！

稿件体例：

Peeter Torop 的文化符号学翻译观

×××

（××××大学）

摘　要（宋体小五）

关键词（宋体小五）

英文题目（Times New Roman 四号）

英文作者姓名、单位（Times New Roman 五号）

英文摘要（Times New Roman 小五）

英文关键词（Times New Roman 小五）

1. 前言（宋体小四加粗）

2. 文化符号学

　2.1　塔尔图—莫斯科符号学派（宋体五号加粗）

　2.1.1　塔尔图—莫斯科符号学派的理论基础（宋体五号加粗）

　2.1.1.1　俄罗斯的传统人文思想（宋体五号）

　正文（中文为宋体五号，外文和数字为 Times New Roman 五号）

引文夹注格式：（刘润清，2002：403）、（Richards，1986：8）

脚注每页重新编号，序号为带圈的阿拉伯数字，不使用尾注。

参考文献

［1］ Allott, R. Language and the Origin of Semiosis ［A］. *Origins of Semiosis: Sign Evolution in Nature and Culture* ［C］. Berlin: Mouton de Gruyter, 1994: 255 - 268.

［2］ Barnstone, W. Translation Theory with a Semiotic Slant ［J］. *Semiotica*, 1994, (1/2): 89 - 100.

［3］ Gorlée, D. L. *Semiotics and the Problem of Translation* ［M］. Alblasserdam: Offetdrukkerij Kanters B. V., 1993.

［4］ 陈宏薇. 社会符号学翻译法研究 ［J］. 青岛海洋大学学报, 1996, (3): 88 - 93.

［5］ 霍克斯. 结构主义和符号学 ［M］. 瞿铁鹏, 译. 上海: 上海译文出版社, 1997.

作者信息：姓名、性别、单位、职称、学位、主要研究方向、邮箱地址
基金项目：项目名称、项目号

中心网址：http: //yyfh. tjfsu. edu. cn/
电子信箱：yuyanfuhao@163. com
办公电话：(022) 23230917
通信地址：(300050) 天津市和平区睦南道 28 号天津外国语大学语言符号应用传播研究中心